赤の民俗学

「丹」が解き明かす古代秘史

戸矢 学

河出書房新社

まえがき――「丹山を、探せ。」

日本の古代を解き明かすキーワードは「丹」である。

と言っても、まったくの初耳という読者が少なくないと思う。これは漢音では「たん」と読み、和訓では「に」と読む。いずれもわが国で古くから定着している言葉であるが、「たん」が圧倒的多数であって、「に」はきわめて少数である。

しかし「丹」という漢字が移入する以前から「に」は存在していた。古い日本語の一つである「丹生」は、「たんしょう」とも読み、「にう（にゅう）」とも読むが、いずれが古いか起源は不明である。しかしこれが「丹の採れるところ」という意味であろうことは疑うべくもない。「丹」とは、そういう語彙なのだ。

丹波国（たんばのくに）、丹生神社（にうじんじゃ）などのように全国各地に地名や遺跡名として偏在しているが、そのほとんどは「丹（たん・に）」を産出していたところから名付けられたものであるだろう。

「丹」は、学術的には辰砂（しんしゃ、cinnabar）と称し、硫化水銀（HgS）からなる赤褐色で半透明の鉱物で、別名「賢者の石」「朱砂」「丹砂」などとも呼ばれる。古代シナにおいては丹は薬であり（日本の民間薬「仁丹《じんたん》」もこれにあやかっている）、また朱肉や朱墨のように朱色の顔料としても珍重された（これを「水銀朱」ともいう）。当時は金銀に等しい貴重な鉱物であった。なお「辰砂」の呼び名は、古代シナの辰州（かつて実在した地名）で多く産出したことから付いた。

その貴重な「丹」が、邪馬臺国の山で多く産出したと『三国志』魏書の烏丸鮮卑東夷伝倭人条（通称「魏志倭人伝」）に記されている。つまり、邪馬臺国には丹の山があり、朱色の顔料が贅沢に使われていたことが推測される。これは邪馬臺国を特定するための重要なヒントであろう。

古代シナでは産出地を神仙郷と考える思想が浸透しており、とくに秦始皇帝以来、歴代の皇帝は丹から抽出される水銀に金を溶かし込んだ液体を「不老不死の妙薬」とする方術士たちの欺瞞により、飲用することで複数の皇帝が中毒死を遂げてもいる。

古代日本では、四国、紀伊から伊勢にかけて特に産出の記録があったことから、「丹」を支配する者は特異な文化を残している。

たとえば神社の鳥居は、「丹」の造形との説もあるほどで、だから朱色でなければならず、「丹」を支配する者の証であった。ちなみに鳥居は、『古事記』にも『日本書紀』にも『万葉集』にも語彙そのものが一切出てこない。鳥居を想起させるような記述も描写もほぼ見当たらない。つまり、それ以前およびその時代には、まだ鳥居はなかったのだ（「鳥居」の語の初出は鎌倉時代とされている）。

ちなみに丹生都比売《にうつひめ》神社に始まると考えられる「丹」信仰は、その神域の一部を空海に与えることで真言密教をも取り込み、紀伊に独自の信仰圏を創り上げた。そしてその影響力の広がりは西は四国全域から九州北部、東は関東の鎌倉武士団の形成に至るまで広がるが、ある時期から突然「丹」の産出が激減し（もしくは代用品が安価に出回ったため）、丹生神社の消滅とともに歴史の闇へと消えてゆく。

本書では、ほとんど知られることのなかった「丹」にまつわる興亡の秘史を探求する。そして、読者はすでにお気付きと思うが、いわゆる「ヒミコの邪馬臺国」を究明することになる旅でもある。どうぞ、そういった視点からも楽しんでいただきたい。

なお本書本文は白黒印刷であるため、「赤色」をテーマとしながらも写真で示すことができないが、ご容赦いただきたい。きっと、あなたの想像力が補ってくれるものと信じている。

令和五年／二〇二三年　立冬　著者

赤の民俗学

「丹」が解き明かす古代秘史

◉

目次

目次

第二章　煉丹術《れんたんじゅつ》と化学……たん（丹）を求めて　70

第三章　丹神からの贈り物……に（丹）の発見　123

装幀――山元伸子
カバー写真――「破魔矢」©ＰＩＸＴＡ

赤の民俗学

「丹」が解き明かす古代秘史

第一章　縄文を彩る赤き信仰……べに（紅）と共に

「赤」の発見

縄文の土器や木器は「真っ赤」であった、と言ったら、きっと多くのひとが驚くだろう。しかしこれは事実である。私たち日本人は、子供の頃から教科書やニュース等で縄文土器の写真を目にする機会が少なくない。映像画像で見る縄文土器等々がすべて「茶色」なのでそのイメージが強く印象付けられていることだろう。

しかし縄文人が手にしていた土器等は、実はその多くが真っ赤であった。私たちが現在目にしているものは、その赤色が褪色《たいしょく》しているに過ぎないのだ。

縄文の遺物には赤い彩色のほどこされたものが思いのほか多いことが判明したのは近年になってからのことである。二千年以上経てば、いかなる色彩も褪色するのは当然で、長年泥土にうずもれていた発掘品であれ、放置されて風雨に晒されていたものであれ、数千年も経てば否応なく劣化は進む。そのためつい最近まで、私たちは縄文土器の多くは無彩色だと思い込んでいた。

しかし考古学の研究手法の進歩のおかげで、わずかな色彩の痕跡から、縄文人が「赤色」にひときわこだわっていたことが明らかになった。赤色《あかいろ》、紅色《べにいろ》、朱色《しゆいろ》、丹色《にいろ》等々と、呼び分けるようになるのはだいぶ先のことであるが、土器には刻文などの文様で完成ではなく、その上に赤色と、まれに黒色や緑色、白色などの彩色がほどこされていることが明らかになった。とりわけ「赤色」への縄文人たちのこだわりは並大抵のものではなく、土器以外の考古学的遺物からは衣類や化粧、おそらくは入れ墨（刺青）等においても「赤色」へのこだわりは行き渡っていたと考えられるようになっている。

次頁写真の土器は縄文時代晩期のものであるが、かなり褪色しているとはいうものの、その全体に朱漆が塗り込められている。

後世において漆が発展するのは、主に木製の削り出しによって椀や徳利、盆などを、表面加工して、漏水や腐敗を防ぐ、つまり機能第一であったが、それからまもなく漆工芸独特の美をも発見し、むしろこちらの観点から飛躍的に発展することになったのは今ではよく知られている。

しかし縄文土器の着色は、機能ゆえではなく、ほとんどは造形の特異性と同次元の「見た目」ゆえであるだろう。弥生土器にはこういった装飾は衰退していて、むしろ機能性実用性が第一になっていることを考えると、造形や装飾について縄文人は弥生人とはまったく異なる独自の志向性や美意識を持っていたということであろう。まるで弥生と縄文の間に民族的へだたりがあるかのように、両者の文化的特性は大きく異なっている。

赤い土偶

縄文の遺物の中でも特別な存在の一つである土偶は、いわゆる遮光器土偶を始め全身に流水文様や渦巻き文様が彫り込まれているものが少なくない。この文様は、入れ墨であるというのが定説になっている。そして重要なのは、いずれも施朱《せしゅ》していることである。

朱塗注口土器／縄文時代（晩期）前1000～前400年／東京国立博物館 ColBase（https://colbase.nich.go.jp/）

一五頁上の写真の遮光器土偶は、頭部や身体の窪み部分に赤い彩色が残っており、製作当時は全体的に赤く塗られていたと推測される。

そうなのだ。遮光器土偶は、もともとは「赤い」のだ。黒っぽい鉄色だと広く一般に認識されていると思うが、実は「全身真っ赤」と考えた方が本来の姿に近いはずである。私たちが見慣れている遮光器土偶は、二～三〇〇〇年経過して、褪色した姿なのである。

一五頁下の写真の土偶頭部は、頭部全体に赤い彩色が残っており、これももとの全身が赤く塗られていたのは間違いないだろう（破壊されたあとの頭部と考えられる）。

つまり、土偶は、最初に造形されて、次に文様が刻印されて、最後に彩色して創作の工程は完結する。なお、彩色の前に焼成するものもあれば、彩色してから焼成するものもある。そして、完成してから、破壊する。これが土偶というものである。

なぜ最後に破壊するのかという点については、いまだ定説はないが、私は「ハイヌウェレ神話」由来説を採っている。すなわち、殺害することにより、新たな生命の誕生を招来するという呪術である。『古事記』ではスサノヲが、『日本書紀』ではツクヨミが、いずれも女性食物神を斬殺することで、様々な穀物等を誕生させているが、土偶の呪術こそは、その原型であるだろう。発見されている土偶のほぼすべてが女性を象《かたど》っている点も共通しており、全身を赤く彩色しているのも無関係ではないだろう。

当時（弥生時代）は巫女《みこ》（神に仕える女性）は、手足はもちろん、胸から腹、背中、そして顔面に至るまで全身を文身（いれずみ）で埋め尽くしていたと「魏志倭人伝」に録されているが（邪馬臺國《やまとこく》の人々は「黥面文身《げいめんぶんしん》」していた、とある）、この風習は縄文人そのままではないにしても、基本的に縄文時代から受け継がれてきたものであるだろう。

「黥」とは、古代シナでは刑罰の一つを意味するもので、漢土では罪人の証しである。あえて卑字を用いるのは漢族のならいであるので、邪馬臺《やまと》の人々が罪人であったわけでないのは言うまでもない（＊遮光器土偶が後世アラハバキに擬せられたのは、アラハバキも全身に入れ墨があったゆえではないかと私は推測している。むろん時代はまったく異なるし、遮光器土偶は女性であるから、アラハバキに擬《なぞら》えるのは基本的に無理がある。ただ、アラハバキは北の縄文人の血脈に連なる者で、かつ最後の縄文人であったのかもしれない）。

さて、それでは、この文様の意味は何か。流水文様と渦巻き文様は関連しているようであるが、川や海を表現しているわけではなさそうだ。全身をその文様で被うことに、なんらかの重要な〝意味〟〝意義〟がなければならないだろう。

その真相を知るためには、土偶のほぼすべてが女体であることが大きなヒントになるのではないだろうか。これまで発掘発見された土偶で男性を象っていると考えられるのは、わずかに数体のみ（それも確証はない）。それ以外はすべて女性であり、かつ裸体である。

ほぼすべてが女体であるのは、それが巫女すなわち神に仕える者であることを示しており、里に降りてきた山神の巫女、使徒、神使であろう。その全身を埋め尽くす文様は、巫女であること

遮光器土偶／縄文晩期（前1000～前400年）／出土地・青森県つがる市木造亀ヶ岡／東京国立博物館蔵／出典：ColBase（https://colbase.nich.go.jp/）

土偶頭部／縄文時代（後期）前2000～前1000年／出土地・千葉県銚子市・余山貝塚／東京国立博物館蔵／出典：ColBase（https://colbase.nich.go.jp/）

と関係があるだろう。

私見であるが、大自然には人の目には見えないが文様のように精霊たちが流れ渦巻いていると、縄文人は考えたのではないだろうか。この世は精霊で満ちている。縄文人の感性がそれをこのように見た。精霊たちが犇《ひし》めき渦巻き流動する様を図案化したものが、土偶の文様なのではないか。そして精霊に覆われていること、あるいは精霊と一体であることを表現しているのではないだろうか。――すなわちこの文様は縄文人の考えた精霊を表していると、私は考えている。

そしてそう考えると、土偶の役割も理解できる。破壊して埋めることは、殺害して埋葬することと同義であろう。もともとは生身の巫女を殺して埋めていたのだが、その身代わりとして土偶は生み出されたのだ。土偶は、精霊に包まれた巫女の「代役」「形代《かたしろ》」である。


では、土器はどうか。

縄目文様に限らず、火焔型土器などの装飾の複雑さはいまさら指摘するまでもないが、であるならば制作者は当然、工芸技術に長けた大人であろうし、同時に特定の者にその役割が与えられていて、いわば専業職人のような者の手によっていたのではないかと想像される。

縄文の土器・土偶は専門職の大人が制作し、古墳時代の埴輪は稚児（おそらく神の子として選ばれた子供）が制作したものだろうと、私は考えている。

そしてこの違いは〝信仰〟の違いにあって、縄文人は古墳時代人よりもより呪術的であったからではないだろうか。古墳時代人が稚児や童子に聖性を見るのは、大人は成長してケガレたという思想から発生するものであるだろう。つまり、稚児や童子はまだケガレていないのだ。この思想は、はるか後世まで引き継がれている。

一方、縄文人が大人の手で呪具を制作するのは、みずからの肉体や精神がケガレてはおらず、精霊たちの仲間であると信じていることによるのではないだろうか。土偶の全身に入れ墨を施していたのはその証左の一つでもあるだろう。入れ墨は精霊の仲間入りをするための技術であり儀礼であって、それはムスヒ（産霊・産巣日・産魂・産日）の技術の一つであったのではないだろうか。

「ムスヒ」とは、火を燃やすことでもある。祭りには、今に至るまで火がつきものであるが、土器・土偶を焼き上げるのは、年に何度かの祭りであったことだろう。昼も夜も火を絶やさずに焚き続けるのであるから、その集落の人々はハレの興奮を共有するだろう。火の周りで酒を飲み歌を唄い舞い踊れば一体感を獲得する良い機会になる。辺りに群生する麻もくべれば、その煙に巻かれて大人も子供も皆さらに酔う。そしてある者は神憑《がか》りするだろう。

なお土器・土偶を焼くのは決まった日であるだろう。おそらくは春分秋分、冬至夏至あたりではないか。——そしてこれが祭りの原点かもしれない。祭りが終わった翌朝に、燃え尽きた灰の中から土器と土偶が現れるのだ。火焔は、ムスヒの「ヒ」であろう。「火」を「産《む》す」ことであるだろう。

「ムスヒ神」は最も古き神

記紀等の神代の話の中には実は縄文の記録や伝承も包含されている。とりわけ天地開闢にまつわる冒頭部分は縄文の継承であろうと私は考えている。その理由は、イザナギ、イザナミ以降とは明らかに文脈が異なり、連続性に不合理が顕著なためである。しかしそのおかげで、私たちは縄文への大きな手がかりを得ることができたのかもしれない。

『古事記』では最初に成りませる神は、
「天之《あめの》御中主神《みなかぬしのかみ》、高御《たかみ》産《む》巣《す》日神《ひのかみ》、神産《かみむ》巣《す》日神《ひのかみ》」とある。

『日本書紀』一書では、
「天御中主尊《あめのみなかぬしのみこと》、高皇《たかみ》産霊尊《むすひのみこと》（高美武須毘）、神皇《かみ》産霊尊《むすひのみこと》（神美武須毘）——皇産霊は美《み》武《む》須《す》毘《ひ》」
とある。

『古語拾遺』では、
「天御中主神《あめのみなかぬしのかみ》、高皇《たかみ》産霊神《むすひのかみ》（多賀美武須比神）、神産霊神《かみむすひのかみ》」とある。

神名表記に多少の異動はあるものの、アメノミナカヌシ、タカミムスヒ、カミムスヒの三神をもって天地開闢の神、すなわち最初に成りませる神としているのは共通している（＊書紀本編では国常立尊《くにのとこたちのみこと》、国狭槌尊《くにのさつちのみこと》、豊斟渟尊《とよくむぬのみこと》から始まるとしているが、記とも『古語拾遺』ともまったく共通点のない異質なものである。むろん何らかの意図があってのものには違いないが、本書のテーマから外れるためここではあえて踏み込まない）。

つまり、この三神はセットであると理解され、この国の淵源をとらえるにはここから始めなければならないということであるだろう。

ただ、アメノミナカヌシという神名は、宇宙の中心、世界の中心という意味の抽象名詞であって、特別の意味を体現している名ではない。天の中心というところからこの神は北極星であるとの解釈もあるが（唯一不動であるという意味から）、いずれにしても思想性や宗教性は稀薄であって、この後の神話体系と連結しない。日本神話には太陽と月とを除けば、道教の天文地理が受容されるまでは星辰信仰（後の妙見信仰など）は本来ほとんど存在しないからである（＊詳細は拙著『最初の神アメノミナカヌシ』を参照）。

すると重要になるのは次の二神、つまりタカミムスヒ、カミムスヒである。

この二神には共通する観念あるいは理念がある。それが「ムスヒ」である。

「ムスヒ」の表記は、産巣日、産霊、産日、武須毗、武須比などがあるのだが、清音の「ヒ」であって濁音の「ビ」ではない。したがって「結び」とは別の言葉であって、ムスヒから後に派生したとも考えられる。そしてその派生が古い時代のことであったがゆえに、同根の言葉として浸透するのも早かったということになるだろう。すでに『万葉集』の歌の中においても古来の用法と後世の用法とが混在しているほどである。神道史上もこれまで明確な区別はなされていない。

さてそれでは本来の「ムスヒ」とは何か。

「苔生《こけむ》す」などの用例もあるように、芽生える、発生するという「産生《さんせい》」の意味から、タカミムスヒは天岩戸開きを指示して夜明けをもたらし、またカミムスヒはオオナムチを生き返らせたことから「蘇生《そせい》」の意味にまで至ることである。すなわち、万物の生成発展に寄与する力であり、神道の根元思想である。

ムスヒ神もアマテラス神も、ともに「ヒ」の信仰であることは言うまでもないが、アマテラスがあくまでも太陽の恵みを体現する「日」あるいは「火」であるのに対して、ムスヒはそれとは次元の異なる「靈《ひ》（霊）」によっている。これは「精霊」のことであって、自然崇拝の本質であろう。

ちなみに、霊の旧字である「靈」は、元々の漢字の成り立ちとしては雨乞いを意味する。「靈」という文字の象形は、地上で巫女が祈り、降り注ぐ雨を三つの器で受ける様子を表している。後に、神霊を降下させることそのものをもいうようになり、わが国では当初よりその意味で用いられた（白川静『字統』他）。

「ムスヒ（産巣日、産霊など）」が神名に含まれる神は、ムスヒの働きをする神々のことであり、神々の大本となる原初の神である。
皇居内の宮中三殿（賢所《かしこどころ》、皇霊殿《こうれいでん》、神殿《しんでん》）の神殿には、天神地祇および天皇守護の八神《はっしん》が祀られているが、八神のうち五神は「ムスヒ神」である。

第一殿　神産日神《かみむすびのかみ》／神皇産霊神
第二殿　高御産日神《たかみむすびのかみ》／高皇産霊神
第三殿　玉積産日神《たまつめむすびのかみ》／魂留産霊
第四殿　生産日神《いくむすびのかみ》／生産霊
第五殿　足産日神《たるむすびのかみ》／足産霊
（＊神名表記は上が『延喜式』神名帳、下が『古語拾遺』。読みは宮内庁の記述に従っている）

これらの「ムスヒ神」は、神道においてきわめて重要な意味を持つ原初の神でありながら、記紀神話において事績がほとんど記されていない。すなわち生身の人間と相似形の、実体をともなう神ではなく、最初から神である、ということでもある。
そしてこれは、むしろ逆にとらえると分かることがある。つまり、事績のない神が、神話の冒頭部分に登場するという関係性である。神話編は、最初に純粋神があらわれ、次いで人の原型となる実体神があらわれ、そして人と相似形の境界神になる。人代になるまでに、神代にはそれだけの変遷があった。

そしてその始まりこそは「ムスヒ神」であったのだ。


記紀神話における神々の系譜には多くの結節点（転換点）があるのだが、とりわけ重大なポイントはイザナギ、イザナミによる国産みであることは周知であろう。ここで詳細を語るのは措いておくが、ひとことだけ指摘しておくならば、イザナギ、イザナミから以後は弥生神であり、それ以前は縄文神であるということであろう。

弥生の神々がイザナギ、イザナミから始まるか、それともアマテラス、ツクヨミ、スサノヲから始まるか様々な説はあるが、いずれにしても岐美二神より以前の神々は弥生以前の信仰によるものである。しかも、ムスヒ二神は神話の冒頭に登場する。これは、神々の系譜においても祖神を示す以外のなにものでもないだろう。

すなわち、ムスヒ神こそは、弥生以前の神であって縄文の神である。


アマテラスは、ムスヒ神の娘という位置づけの神であり、ムスヒ神は縄文神、アマテラスは弥生神である。この関係は、渡来の海人族であるアマテラスの血統が、土着のムスヒ神の血統に融合したという意味であるだろう。

誤解を恐れずに言うならば、イザナギ、イザナミ二神は、基本的な枠組みである国産み神産みを成立させるための連結であろう。アマテラスを筆頭とする三貴子はイザナミから逃げ切った後でイザナギが一人で産んだことを示唆している。

また、二神による国産み神産みの最後において、イザナミを死に至らしめたカグツチの別名を『日本書紀』では、火産霊《ほむすび》と表記している。これは、ムスヒの神による〝意志〟を暗示するものだろう。

イザナミはこれで弥生への連結という役割を終えたという意味であろうと、私は解釈した。

アマテラスという名は普通名詞であって固有名詞ではない。『古事記』では天照大御神、『日本書紀』では天照大神等々と記されるが、いずれも「天より照らす偉大な神」という意味を直截に表現しているものであって、固有の名前にはなっていない。固有名詞としての本名はオオヒルメノムチ（大日孁貴）である。そしてこの名も、尊称のオオやムチを除いた「ヒルメ」が固有の名である。ヒルメとは「ヒル・ヒメ」の短縮形で、すなわち太陽の娘を表す名前である。

そして「ムスメ」こそは「ムス・ヒメ（産す姫）」の短縮形であり、ムスヒのヒメであることの証しであるだろう。「ムス・ヒコ（産す彦）」すなわち「ムスコ」はその対義語として生まれている。

▼ムスメ（娘）……………「ムス・ヒメ（産す姫）」
▼ムスコ（息子）…………「ムス・ヒコ（産す彦）」

アマテラス神がムスヒ神から産生したということを示すものであろう。

ちなみに、折口信夫に「産霊《むすひ》の信仰」という特別講義の記録がある。昭和二十七年九月十九日に國學院の神職課程の学生向けにおこなったものだ。ごく短いもので、深化された研究の精華というものではなく、その当時の折口の所感を述べたものである。折口は常に新たなテーマを見出しては挑戦してゆくという気質であって、それは終生変わらぬ彼の基本姿勢であった。この時も、彼の変わらぬ基本姿勢を学生たちに向けて率直に披瀝している。それが「ムスヒ」についてのものであった。幕末の国学者たちがこぞって「ムスヒ」の研究に手を付けたように、折口もついにはこれに至ったものと思われるが、残念なことにまもなく病に冒され、翌年には他界してしまった。さぞ無念であったと思われるが、これで折口流の「ムスヒ」論を究める機会は永遠に失われた。ただ、解き明かすためのいくつかの手掛かりをこの講義録は提示している。

「産霊の神は、天照大神の系統とは系統が違う」

「(産霊の)信仰時代だったからこそ、むすぶと言った表現だけで、其内容を理会することができたのである。」

「こうした信仰は、以上述べた如く、『万葉集』の一部を見ても出て来るだけでなく、記紀を初め、その他の古代の文献にも見られ、奈良時代以後も、此信仰はあったに違いない。ここで考えられることは、人間の身体に霊魂を入れる技術が産霊だったと言う事で、換言すれば、人間の身体の旧くなった霊魂を取り出して、新しい霊魂を入れる方法が産霊と言う事になる。」「神・人間を此世に出現させて来る産霊の神は、普通の神とは違い、日本の神道に於ける根本問題の一つであり、若いあなた方が是から拓いて行く道でもあるのだ。」（以上すべて『折口信夫全集』第二十巻所収「産霊の信仰」より）

折口が霊魂について独特のアプローチをおこなったのは「鎮魂」と、そしてこの「産霊」に極まるだろう（＊「鎮魂」については、拙著『ニギハヤヒ』において私なりの解析をおこなったので参照されたい）。

「産霊（ムスヒ）」は、いわば折口の遺言となって、後輩の私たちに課せられている。本書も、その答えの一つである。

縄文人にとっての赤色の意義

土器や土偶に「彩色」することは、そのための色素（顔料）を探し出してくる必要が大前提であるから、土器土偶等を完成させるためには、製作の最終段階で「大きな負荷」がかかることになる。縄文人はそのような手間ひまを掛けてまで、なにゆえ彩色着色したのだろうか。

なおかつそれが水銀朱（辰砂・丹）や赤鉄鉱（ベンガラ）によって、人工的に赤く着色できることはきわめて重要な理由であったということなのだろう。なにしろ「赤色」は自然界に存在すると共に、人工的に獲得し、暮らしの中に自在に使うことができることを発見してからというもの、色彩の代表として最も多く使われている。

むろん縄文人に科学的知識は、ほぼないに等しいわけであるから、自然界に存在するものの中から「赤く見えるもの」を見つけて、加熱したり、擂《す》り潰《つぶ》したり、練り合わせたりと様々な工夫を試みてみたのだろう。なにしろ縄文人は自分たちの自由になる「赤」が欲しかったのだ。伊勢の丹生《にう》鉱山（＊一九七三年に閉山されるまで採掘は続いていた）や伊予の丹生坑などはすでに縄文時代に採掘が始まっており、縄文人の「赤」への執着が見て取れる。

彼らの日常において、最も見る機会の多い「赤色」は「血」であろう。

魚介類の血を始め、鳥獣類も日常的に捕獲して食料とする際に必ずそれらの血液を目にすることになるのは当然として、人間自身も傷を負えば出血し、女性はほぼ毎月、数日間は経血と付き合う宿命である。しかし血は、新しいうちは赤いが、時間が経つと黒変してしまうため、彩色には適さない。

血のほかにも、自然界には花や鉱物、鳥の羽や魚の鱗など、赤いものは少なくない、ただし、いずれも少量であるために、人間が視認する機会はけして多くはない。日常生活の中では、鉱物を除けばむしろ稀有で刹那の色彩と言うべきだろう。

ヤマト言葉の「あか」は、夜明けを意味する「あかつき」や「あけがた」に由来していることからも明らかなように、太陽に起源している。

国旗の日の丸が太陽を表しているように、日本人は「太陽＝赤色」と認識してきた。しかしご存じのように、昼天に輝く太陽は赤くない。しいて形容するなら「白色」か「薄い黄色」が近いのではないか。

ただし明け方の地平や水平線などに昇り始めた際の朝日の光や、夕暮れに山の端や海の彼方に没しかける夕日の光は、日の丸の「赤色」に近い。現代のように厳密な色差を認識する必要のなかった縄文時代においては、橙色も朱色も紅色もみな、「あか」いと認識されていたのであろう。

古代のシナにおいても、陰陽五行説の五行において東は青龍で青、南は朱雀《すざく》で赤（朱＝スー）、西は白虎で白、北は玄武で黒とされていることから「南の色」とされているので、こちらも太陽を意識してのものであろう。

これがヨーロッパ系の言語では「血」を語源としている。

「赤（red）」は、三原色の一つであって、可視光線のスペクトラム色で最も波長の長い領域の光である。

英　レッド　red
独　ロート　Rot
仏　ルージュ　rouge
伊　ロッソ　rosso

このようにその多くが「r」で始まるが、サンスクリット語の祖形では「血のような」という意味であったという。「赤色」を、日本人は太陽と結びつけ、西欧人は血と結びつけたのだ。

そもそも「あか」という言葉は、その語源から考えて、漢字の移入以前からあったもので、すなわち縄文語の一つであろう。では、その他の赤色系の語彙はどうかといえば、「ひ」をまず挙げておかなければならないだろう。色彩を示す語彙としては「緋色」であるが、「ひ」の語源は当然ながら最も身近な「火」であろうし、「日」や「陽」なども、「火」の敷衍として認識されたとも考えられる。ならば、「ひ」を最初に漢字で表記したのは「火」であろうし、赤々と燃える火から「火色（ひいろ）」という色彩概念が生まれて不思議はない。つまり「あか」と「ひ」とは日本人にとって同一であった。

それにしても、縄文人はなぜこれほどまでに「赤色」を重視していたのか。土器を実用の道具として使うために「着色」は必要ない。とりわけ縄文時代においては、現代と事情がまったく異なり、着色はそう簡単にはおこなえない。すなわち、それだけの手間をかけても赤くする必要があったのだと考えるべきだろう。「赤」色には、特別な力が備わっていると、縄文人は信じていたのだろう。そしてそれ以後の日本人も、近代になるまで「赤」の呪力を信じていた。

日本人が古来「赤」を好んだことは『万葉集』にも認めることができる。

「用例数を系統別にみると、赤系統が五十四例、黄系統一例、緑系統二例、青系統二例、紫系統三例、黒系統一例、白系統四例、色彩不詳五例となる。」（伊原昭『万葉の色相』）

というように、万葉において「赤」を歌っている用例はそれのみが飛び抜けて多い。しかも万葉人は、「赤」系統の色に対して「てる」「ひかる」「はなやか」等々と謳い上げている。日本人は古来、「赤」色を最も好んだのだ。

「赤色＝縄文赤」の正体

言うまでもないことだが、縄文時代に土器を赤く彩色するのは容易ではない。現代ならば色素や顔料も比較にならぬほどに豊富で安価で、より容易であるが、縄文時代とはそういう時代ではなかったのだ。それならばわざわざ土器や土偶を赤く着色することもなく、無彩色のまま使用すれば何の支障もないだろうに、それでもあえて手間を掛けて赤く着色している。

そもそも、その「縄文赤」の実態は何かというと、主に次の三種であったとされる。

1 【丹《に》 HgS】赤色硫化水銀（丹《たん》＝辰砂《しんしゃ》）
2 【弁殻《べんがら》 Fe_2O_3】酸化第二鉄（紅殻・紅柄＝赤鉄鉱《せきてっこう》）
3 【鉛丹《えんたん》 Pb_3O_4】四酸化三鉛（光明丹《こうみょうたん》＝赤鉛《せきえん》）

1の「丹《に》」は、化学式ではHgSで、水銀と硫黄からなる赤色硫化水銀のことである。日本では古くから「に」と称し、シナでは古くから「丹《たん》」と称し、他にも辰砂《しんしゃ》、丹砂、朱砂、水銀朱、丹朱、賢者の石など様々な呼び名がある。

煉丹術《れんたんじゅつ》（＊詳細は次章で）などでは精製することによって水銀や朱を得るための原材料ともされ、赤色の顔料、漢方薬の原料としても珍重されてきた。顔料としては褪色《たいしょく》しにくく、腐食を防ぐ効果もあり、鮮やかさでも際立っている。

朱肉、朱墨、漆器、絵具などに用いられ、この三種の中でも最も上質であるが、最も希少であるため、高価であった。

縄文人は（弥生人も）「丹《に》」を身体にも塗っていたと考えられている。丹朱は、縄文後期に使われ始め、弥生時代や古墳時代にはかなり広まっていたようで、入れ墨や、装飾古墳の内装などにもふんだんに使われており、丹朱をふんだんに使えることは権力の証でもあったようだ。

「丹」は、漢音で「たん」、和訓で「に」と読む。一般には民間薬の「仁丹《じんたん》」や、「丹波地方《たんばちほう》」等、また苗字の「丹生《にう》」「丹羽《にわ》」、神社の鳥居の「丹塗《にぬり》」等で広く馴染みと思う。仁丹には、むろん丹は入っていないが、妙薬秘薬の代名詞としてかつては丹が用いられていたので丸薬の名称はその名残である。

丹波などの地名は、かつて丹を産出していたことから称されたものだろう。

丹生や丹羽などの苗字氏名は、丹の採掘や精製に関わる一族が名乗ったものであるだろう。丹生都比売《にうつひめ》神社の世襲宮司家は、もとは大丹生《おおにゅう》氏と称したもので、丹生《にう》氏はその子孫である。

鎌倉時代に武士のさきがけとなった武蔵七党《むさししちとう》の一つである丹党《たんとう》は、武蔵国北西部に産出した丹を古くから管掌していたことから称したもので、氏神として秩父郡から児玉郡にかけて丹生神社を創建している（＊詳細は第三章にて）。

2の「**弁柄**《べんがら》」は、化学式では Fe_2O_3 で、酸化第二鉄つまり赤鉄鉱のことである。化学成分の弁別などなかった縄文時代には、これも「に」と呼ばれていたようであるが、精製方法が異なるため、丹（辰砂）とは異なる物であることは承知していたと考えられる。抽出精製に丹ほどの手間が掛からないところから、もっとも広範囲に用いられていた。

江戸時代にはほとんどを輸入するようになっていたところから、生産地のインドのベンガル地方に由来したオランダ語の Bengala が語源となってベンガラ（弁柄、紅殻）という呼称が使用されるようになった。

別名の緋褪《ひさめ》色は、家屋や塀の色としても知られているが、これは文字通り「緋色が褪めた色」ということで、もともとは紅色であるが、錆びると褪色して黄色がかった土色になる。そのため彩度は丹に比べて低く、赤褐色のものが多い。

耐熱性、耐水性、耐光性・耐酸性などにもすぐれており、丹に比べて採掘や精製も簡易であったところから、縄文時代後期から陶器や漆器の赤色としては最も多く用いられた。また無害無毒であるところから、化粧や入れ墨など人体にも用いられ、使用範囲は最も広い。

赤鉄鉱《せきてっこう》は現代でもまだ一部で使われているが、現在入手できる市販品は、ほとんどが化学合成によって生産された工業用ベンガラである。そのような状況においても江戸時代に開発された緑礬《ローハ》弁柄《ベンガラ》は、ひときわ彩度が高いことから、磁器の絵付けや、日光東照宮などの修復に現代においても用いられている。

3の「**鉛丹**《えんたん》」は、化学式ではPb_3O_4で、四酸化三鉛・赤色酸化鉛、また通称には光明丹《こうみょうたん》・赤《せき》鉛《えん》なども称される。ポンペイ遺跡において多用されていた事実が発見されたことから、世界的にはポンペイ・レッドなどとも称する。

縄文時代末期に、製法ともどもが渡来したことによって知られることとなり、国内でも生産されるようになった。平安時代の主要な建築物の朱色の柱は鉛丹が主に使われていた。

これらの素材とは別に、縄文時代から用いられている「朱漆《しゅうるし》」が存在するが、これは漆の木から抽出した樹液を精製した飴色で半透明の透漆《すきうるし》に、丹や弁柄を混ぜてつくるもので、直塗りよりもしっかりと着色し、防湿や防腐の効果もあり、日持ちもするところから、外気に直接触れるような建築物や、木製の椀や皿などの食器に主に用いられた。

縄文時代の漆工芸については福井県、富山県などの縄文遺跡から数多くの遺物が発掘され、現在も研究が進んでいる。

「小矢部市の桜町遺跡（中期）からは口径約二〇cmの木製の鉢（片口）が出土しました。表面は朱色に塗られており、漆と推定されています。また、小杉町の南太閤山Ⅰ遺跡（前期）からは容器として用いたとみられるヒョウタンが出土し、やはり表面には漆とみられる朱色が着いていました。

日本の漆工芸技術は縄文時代の前期まで遡ることができます。福井県の鳥浜貝塚では朱塗りの櫛や容器など多彩な製品が発掘されています。また、晩期に東北地方で栄えた亀ヶ岡文化では、とりわけ見事な漆工芸技術をみることができます。ざるや籠に漆を塗った籃胎漆器《らんたいしっき》、飾り弓、飾り太刀、櫛、笄《こうがい》、壺、甕など現代に勝るとも劣らない工芸作品が製作されました。複雑な工程と熟練した技術が必要とされる漆工芸技術が六千年も前にすでに確立し、縄文文化の中で成熟して現在に引き継がれているという事実にはただ驚くばかりです。」（富山市教育委員会生涯学習・文化財室）

六世紀以降に建築が始まった神社の社殿や、八世紀末に始まった鳥居の建築で艶のある赤色はすべて朱漆の成果である。つまり漆は顔料ではない。顔料を塗る際に混合して用いる天然樹脂の塗料である（＊透漆そのものは接着剤にも用いられている）。

ここに挙げた三種の顔料は、いずれも鉱物から精製抽出するもので、縄文人はこれらの鉱物を、科学的成分、人体への影響等について当然ながらまったく知識のないまま利用していた。

しかし右に示したように、丹は水銀と一体になったものであり、鉛丹は鉛と一体になったものであるから、どちらも人体にはきわめて有害な物質であることは現代人には周知である。水銀朱、鉛丹として採掘されたものを加熱分離して「赤色成分」を分離すると、水銀や鉛も発生する。近代になって専用の精製機器が開発されたが、それまでの長い期間は、きわめて原始的な手法でおこなっていたはずであるから、加熱分離している間に発生する煙を吸い込んで、少なからぬ人たちが健康被害を受けたことだろう。「丹色の顔料」を獲得するには、それなりの負荷も覚悟しなければならなかったのだ。

なお「丹色（にいろ）」は、正確には赤色とイコールではない。色彩用語では赤褐色で、もともとは赤土のこと。日本では古くは丹（に）といえば赤土のことであった。

これに対して「丹（たん）」は辰砂のことで、古代シナにおいては湖南省辰州において多く産出していたところからこの名が付いたものである。精製の際の加減によって色味を多様に変化させることができたため、シナにおける丹の色はかなり幅があったが、より鮮やかなものが珍重されたので、日本の丹色（にいろ）とは色の定義がやや異なっている。

余談であるが、「丹毒」という皮膚病名は、これは「赤い感染症」という程度の意味で、本書にいうところの「丹」とは直接の関係は特にない。頭のてっぺんが赤いから丹頂鶴と名付けたのと似通ったもので、こちらは丹の有毒性とつなげて考えてしまいそうなだけに有害である。誰が名付けたのかもはや不詳であるが、原因を丹に求めたとすれば、無知ゆえと考えるしかなく、患部が赤いことからの命名であるとすれば、赤色化感染炎とでもすればよいものを、見当違いの丹と、あまり医学的ではない毒とを連結した古風な名称で、梅とは無関係なのに名付けられた梅毒と共にただちに適切な名称へと変更すべきであろう（丹毒は蜂窩《ほうか》織炎《しきえん》の一種という説もあるが、確定していない）。

わが国の国旗である日章旗（日の丸）とは、日本が丹の国であることを標榜するものであったとも言えるだろう。古代において丹の産出がすなわち実質的な国力を体現するものという時代があったことからも、そのように考えることは可能であろう。したがって、本来「日の丸」は「朱色」である。

またその意味は、「日出ずる国」の意とするのが歴史的な経緯に鑑みたものであろう。

近年になって「国旗及び国歌に関する法律」（平成十一年八月十三日法律第一二七号）として改めて定められたが、色彩に関する厳密な定義はなく、本法規にも通例を追認するような記述で「白地に紅色」とされているのみである（そもそも国旗として法的に制定されたのは近代であるが、それよりはるか以前から日本国の表徴として認知されていた）。

しかし「紅色《べにいろ》」は「真紅《しんく》」より暗い色味であり、「朱色」より濃くて深い色味である（＊本書本文は白黒印刷のため、赤色系の違いを視覚で判別できるよう示すことはできないため、どうぞネット検索してご確認されたい）。

すなわち「水銀朱（辰砂）」こそは、縄文時代以来、日本および日本人にとってきわめて重要な産物であった。

ただし、それを知る者は限られた者である。広まれば乱開発が始まり、欲に駆られた者たちによって戦乱を誘発することにもなりかねない。さしずめ日の丸は、「丹」を支配する者こそがこの国を統治する者であることを宣言する徴証でもあったのだろう。「丹に手を出す者は、朝廷に刃向かう者である。」というような政治的意味合いもあったことだろう。古代豪族の一家《いっけ》である「大丹生氏《おおにゅう》」「丹生氏《にう》」は、丹を管掌する一族として、朝廷より公式に認められたものである（＊詳細は第三章にて）。

「ひ」から「に」への変遷

さてそれでは、「に」は、赤系の色味を表す言葉として最初の言葉なのだろうか。縄文人は、赤い色を「に」と呼んでいたのかというと、どうやらそれは怪しいと考えざるを得ない。単純な話として、縄文人が「火」や「陽」を見た際に、自然に「に」という音声が口を突いて出るものかどうか。ある種の驚きがあったとすれば、その瞬間に咄嗟に口から出るのは破裂音（p、c、q、h、他）に近いものになるだろう。なぜならば「火」も「陽」も、熱いからである。

赤く発色する色を見た際に、咄嗟に発する音声は何が最もふさわしいだろう。その発声によって、赤い色だぞ、と誰かに教え示すには、いかなる音声が適切なのだろう。しかも、この「赤」の属性は暑さや痛みをともなうことさえあるのだ。危険をも示す叫び声によって色を示すための固有の言語は果たして何か。

ちなみにこういったことはいくら論じても正解を導き出すことはきわめて困難で、かつて吉本隆明が『言語にとって美とはなにか』において、人間が最初に発した言葉や音声について論じていたが、論理は正しいにもかかわらず、答えは必ずしも納得のゆくものではなかった。

しかしせっかくだからここで私も吉本の論法によって言葉の発生について考えてみよう。吉本は、言語は自己表出と指示表出の織物であるという独特の視点で、いわゆる構造や文法によって解析する言語学的手法は採らない。それは既存の言語学に彼が納得していない証左であろうし、たまさか私もそう考えている。また、ここで検証しようとするのは縄文人の「ひ」という単語であるから、構造も文法も考慮する必要がないので、吉本流の論法が適切であるだろう。

「わたし（吉本）はここで、言語が人間の意識の指示表出であることによって自己表出であるか、自己表出（対自）であることによって指示表出（対他）としてあらわれるものとして、その発達の段階を原理的にかんがえてみた。

(1)　無言語原始人の音声段階で、音声は現実界から特定の対象を意識することができず、ばくぜんと反射的に労働、危機、快感、恐怖、呼応などの場面で叫び声を発するものとする。この段階では、人間の現実にたいする言語的な関係は、つぎのようにしめされる。

音声は現実界（自然）をまっすぐに指示し、その音声のなかにまだ意識とはよびえないさまざまな原感情がふくまれることになる。

(2)　音声がしだいに意識の自己表出として発せられるようになり、それとともに現実界におこる特定の対象にたいして働きかけをその場で指示するとともに、指示されたものの象徴としての機能をもつようになる段階がくる。（以下略）」（『言語にとって美とはなにか』吉本隆明）

破裂音の中の喉頭蓋音である「h」を、なおかつha hi hu he hoのうちでも、音感が唯一異なるhiを、縄文人は「火」や「陽」を指し示すために採用したのではないだろうか。

これを右に示した吉本論理に当てはめると、

「ひ」は、「自己表出（対自）であることによって指示表出（対他）と」なる。

そして、「音声がしだいに意識の自己表出として発せられるようになり、それとともに現実界におこる特定の対象にたいして働きかけをその場で指示するとともに、指示されたものの象徴としての機能をもつようになる段階がくる。」

これが、縄文人の「ひ」使用に至る根拠と考えられる。

縄文人はすでに言語を保有しているので、引用にあるような「無言語原始人」というわけではないが、旧石器人からの移行期にある初期の縄文人（約一四〇〇〇年前）は言語によるコミュニケーションはまだまだ発展途上にあったと考えられる。したがって孤立した単語を単発か連発によってコミュニケートしていたと推測される（現代においても乳幼児などは母親とのコミュニケーションは同様におこなう）。

この条件下において「ひ」「に（丹）」「しゅ（朱）」「べに（紅）」のいずれが「あか」の指示性

が最も高いかといえば、衆目の一致するところは「ひ」であろう。他の語は、付随する説明がなければ赤系の色味を表すものと即座には認識されにくい。

なにしろ縄文人にとっての赤色は、熱いのだ。うっかりすると火傷をする。今よりはるかに気温が高かった縄文時代には、日焼けも軽微な火傷のうちであるが、縄文人はもっと身近に「ひ」に接している。いうまでもないが「毎日の食事」である。たいした調理器具もない時代であるにもかかわらず、火を用いて調理すれば、手先や口中に火傷を負うことも珍しくなかったことだろう。また、夜間に明かりや暖房として用いれば、衣類や家屋に燃え移り、焼け死ぬ者も少なからずあったことだろう。

そして「に」は、「ひ」よりも後から生まれた呼び名であって、赤色の呼び名で叫び声に最も近い「ひ」こそが最初の「叫び声」であり、最初の「言葉」であった可能性はあるだろう。なぜならば「ひ」には指示表出性（対他および対自）もあれば、自己表出性（対自および対他）も同時に包含されているからだ。

それに比べれば「に」は、あくまでも特定の色味を指す言葉であるのだから、指示表出性（対他）のみの限定語彙である。このような限定された狭隘な語彙は、人間の文化が発達してゆく過程で徐々に個別に産み出されてゆくものであり、追加されてゆくものである。そのようにして言語表現は次第に多様になってゆく。

最初に生まれた「ひ」は、いわば総合語彙であり、これに対して「に」は専門語彙である。つまり、「に」は「ひ」よりも後から生まれた言葉であって、「ひ」は「赤（あか）」「朱（しゅ）」「紅

（べに）」よりも先に生まれた言葉であろう。すなわち「ひ／ヒ／hi」はこれらすべてに先行する。その「ひ／ヒ」には後世漢字から「緋」という文字を借りて色彩を表することになるが、緋を漢音でも「ヒ」と発音していたのは奇遇というしかないだろう。

いずれにせよ、縄文人にとって当初何よりも大事なのは、「に」ではなく「ひ」であった（後には様々に変遷するが）。

ヤマト言葉（和訓）の「ヒ（ひ）」は、靈、日、火などとも書き、太陽信仰のことであるとすでに述べた。しかしながら厳密には「火」も「日（太陽）」も「靈（霊）」も、いずれも近代の色彩学では赤色ではないのだが、古代人にとっての色彩的イメージ感覚では、ここから「陽光」の「陽（ひ）」が派生してゆくのであるから、火も日も視覚的に認識されるのは、実は「朱色」である。焚き火で赤々と燃える炎は厳密には橙色に近いものであって、よほど条件が整わないと赤色にはならない。太陽の光すなわち陽光も、天にある時は色味は無色や白色に近く、視覚的にとらえられるのは刹那の夕日と朝日の両者であるが、これも橙色に近い。そして橙色を古来の和語で呼び替えるなら、最も近いのは「朱色」であろう。

さらに、「ヒ（ひ）」こそが「二（に）」の起源である根拠は、本書の第三章の「ワカヒルメ伝説と丹生信仰」の項で述べることとする。

太陽信仰の発生

太陽は光を発することから光の信仰であり、太陽光を集めて火を生み出すことから火の信仰でもある。古代において火は太陽の産物であると理解されていたのだろう（＊縄文時代は現代よりはるかに暑く、地域によっては真夏に直射日光を素肌に浴び続ければ火傷のような日焼け症状を引き起こしたと考えられる）。太陽は地上のすべてのものに降り注ぐところから、森羅万象に神々の偏在すること、すなわち精霊《アニマ》の意として靈《ひ》あるいは霊の字を充てる。これは「八百万の神々」の本質とも言えるだろう。

　つまり縄文人にとっての「あか」は「ひ」であるが、それは右に示した実在の「ひ」であって、それを顔料や染料によって人工的に獲得したものは、「に」であるとしていたのだ。「ひ」から「に」への、つまり「自然」から「人為」へのパラダイム変換である。紀元前三世紀から後五世紀にかけて、この国でゆるやかに進展した一種の産業革命であったのだ。

　縄文晩期に水稲耕作が移入されて（陸稲はすでに自然に繁茂しており、木の実の収穫と同等に扱われていた）、以来二千年余をかけて日本は農耕文化の国となった。ただ、それでもなお狩猟文化は失われたわけではなく、さながら役割分担のように継承された。これらの農耕文化は、白か黒かというように明確に境目に線引きできるものでもないが、おおまかには農耕は農民を作り上げ、狩猟は武士を作り上げたという側面もあるだろう。そういう意味で、弥生と縄文の比較文化論は、日本文化論として意味があるだろう。太陽信仰すなわちアマテル信仰は、農民にとってはまさしく「恵み」そのものであるが、武士にとっても直接的な形ではないものの恩恵の第一であることに変わりはない。

ところで「ヒ」の信仰は、俗信として「太陽の道《レイ・ライン》」という捉えかたも一部に広まっているのでご存知のかたも少なくないと思うが、ここで少々解説しておこう。

三重県の伊勢の斎宮址と、淡路島の伊勢の森・伊勢久留麻《いせくるま》神社は、ともに北緯34度32分に位置する。そしてこの二つを結んだ東西の直線上に、つまりまったく同じ緯度上に、古代の祭祀遺跡や古い由緒をもつ社寺が点在している。長谷寺《はせでら》、三輪山、檜原《ひばら》神社、国津神社、箸墓《はしはか》古墳、二上山などが同一直線上に並び、倭迹迹《やまととと》日《ひ》百襲《ももそ》姫《ひめ》命、倭姫命といった女性祭祀者のイメージと、太陽神の祭祀とが共通している。

そのゆえに一部で「太陽の道」と名付けられたのだが、しかし実は「太陽の道」は、「春分・秋分の日の出・日没ライン」であって、この線の上に宗教施設を設けるのは世界的に見ても特に珍しいものではない。むしろ礼拝施設を建設するのであれば、そこに何らかの意味が求められる必要があるから、「春分・秋分の日の出・日没ライン」に設置することはわかりやすい選択肢であるとも言えるだろう。

また、北緯34度32分の東西ラインは、淡路島が終点ではなく、さらに西にラインをたどると、倉敷市金光町に金光教の本部があって、これは当然ながら偶然ではなく、意図的に選ばれたものである。広島県佐伯には天上山山頂（後世に名付けられたもの）。他にも神社や遺跡は少なくない。

またさらにはるか西へ海をも越えてたどって行くと、西安市つまりかつての長安の都もある。

西安市は、北緯33度39分〜34度44分にあるので、ほぼ同じライン上である。「土地が肥沃で快適に暮らせる場所は、北緯30〜40度の間」という事実はかなり古い時代から世界中で知られていることで、太陽を拝するのであればその中心線の35度あたりになるのは当然で(つまり夏と冬の中間点・春分秋分点)、そこが畿内のように山岳地帯でなければ、街造りも当然この一帯になる。

ちなみに世界の近代都市はもう少し北寄りの緯度ラインに集中している。ロンドン、パリ、ベルリン、モスクワは50度付近なので、海流のサポートがあるとは言ってもかなり寒い。北京、ニューヨークは、日本でいえば青森辺りの緯度になる。近代文明は、より勤勉であるべく、自然の快適さを犠牲にする宿命なのかもしれない。

ところで神社の多くが南向きである理由は太陽信仰にあるのは間違いないのだが、その思想的源流は実は寺院建築にある。六世紀に仏教が公式に伝来して、寺院が次々に建てられて、神道人もこれに倣って神社なるものをそれまで聖地として礼拝していた場所に建築した。その際、本堂には南向きの仏像が安置された。それはシナ流の思想とりわけ道教思想の「天子南面(皇帝は南向きに坐す)」が根底にあって、仏像と皇帝を重ね合わせたものである。日本の神社はこれに倣った。

しかし日本の仏教徒の中にはこの誤りに気付いた者も少なからずいたことから、寺院を西向きに建築する事例も次第に増える。寺院は西方浄土からの光明を本殿に受け止めて、そこに光明があるのだから礼拝するとの考え方に基づくものである。

しかし実は、寺院が南面したのは（南向きに建てられたのは）、道教の神が北極星であるから、本尊を通じてそれを礼拝するという思想の顕在化にほかならないので、西向きに建てたのでは何を礼拝しているのかわからなくなってしまう。

神社はこのような初期の日本仏教の伽藍に倣ったから、社殿を通して北極星を拝礼するという構造になってしまった。天子南面と道教の北極星信仰が合体した「初期の日本仏教」に倣った結果である。つまり、神社が南向きなのは太陽信仰だから、というのは誤解に基づいているのかもしれない。

ちなみに日光東照宮は南面して建てられているが、そのまま本殿真上に輝く北極星を拝礼するものである。太陽信仰ではない。

古式の神社は、神の依り代を拝礼するという明確な意図をもって建設されているので、北に向かって拝礼しながら太陽信仰であるというような不合理な構造にはなっていない。依り代であるカンナビ（神体山）やイワクラ（依り代）がいかなる向きにあろうとも、神社建築はこの原則を遵守している。拝殿は、その背後にある神体山を拝礼するために存在しているのだから、当然のことである。とりわけ本殿はなくて拝殿のみの古社、代表的なものは奈良の大神《おおみわ》神社、埼玉の金《かな》鑽《さな》神社などは、どちらも拝殿のみで本殿はなく、拝殿において拝礼するとその向こうにある神体山である三輪山、御嶽山を拝礼するようになっている。ここに太陽信仰が介在する余地はない。

神社は、明治の合祀令によってその数を大きく減らしてしまったが、それまで二十万とも三十万ともいわれる数の神社が日本全国に隈なくあって、そのほとんどが南向きであった。そしてそれら社殿建築は古いものは千四百年ほど前から人々の暮らしの中心にあった（祭祀場そのものは、もっとはるか古い時代から、おそらくは縄文時代からそこに所在しているが、神社社殿は寺院に対抗して建設され始めたものなので、六世紀からである）。それだけに日本人がその影響を受けるのは必然とも言えるだろう。「南面」は、日本人の暮らしには適合していたのだ。右に示したように、そもそもの神社建築は誤解に発するが、日本人は「太陽の恵み」を暮らしの原点に置いていたので、本殿に依り坐す神様にも、太陽の光をたっぷり受けて、安らかに過ごしてほしいとの人間味ある考え方によるものに変換されてしまったのであるだろう。縄文由来の「ヒ」の信仰は、日本人の暮らしの中に根付いたのだ。

火焔型土器／縄文時代（中期）前 3000 ～前 2000 年／伝新潟県長岡市馬高出土／東京国立博物館所蔵／出典：ColBase（https://colbase.nich.go.jp/）

火《か》焔《えん》型土器の謎

縄文土器の象徴的な造形としてあまねく知られているものに「火焔型土器」がある。燃え上がる火焔を象《かたど》ったようだと最初に発掘した考古学者が考えたのか、それが通称となり、そのまま学名としても定着してしまったものである。東日本を中心に現在までに二〇〇点以上が発掘発見されており、いずれも火焔が立ち上がっているかのような複雑な造形であるが、「縄文（縄を押しつけることによってできる文様）」はまったく見られない。おおむね、下半分は渦巻き文様で、上半分が火焔造形である。しかもこの造形は独特のもので、他のいかなる類型とも隔絶しており、相通ずるような造形手法がほぼ存在しない。

しかも、この土器のどこにも「赤色」の彩色跡が見られないという不可解なものである。火焔を象ったというならば、何よりもまずこの土器の上部にこそ「赤色」彩色の痕跡が見られて当然であろう。縄文土器の多くが赤く彩色されているにもかかわらず、縄文土器の代名詞ともいうべき火焔型土器は、実はまったく「赤色」彩色されていないのだ。縄文人が赤色による彩色技術にこれほど長けていたのであれば、火焔を模した造形には何よりも先に赤く彩色するのが当然の成り行きであろうものを、それがまったく見られない。これはどうしたことだろう。

答えは簡単で、すなわちこの造形の土器を火焔型と認定したのは誤りであったということである。これは、火焔ではない他の何ものかである。

火は、条件によって、赤くもなれば、黄色くもなり、ときには白くも青くもなる。この国では、噴火を見る機会も決して少なくないところから、火焔も日輪も「ひ（火・日）」と呼び、文字のない縄文時代にはどちらも同じもの、という認識であったことだろう。

では、この火焔型土器の装飾は、何なのか。私は「煙」か「湯気」であったのではないかと考えている。だから赤く彩色する必要がなかった。

発掘された火焔型土器のいくつかには、この器で実際に煮炊きした痕跡がある。そこで日用食器として使われていたとの説が出ているようだが、それはないだろう。火焔型土器はその全体の大きさに比して、容量が小さく、しかも使いにくい。つまり実用品には適していないということで、煮炊きをして日用に供するならば、他にはるかに実用的な縄文土器がいくらでもある（深鉢型土器など）。ということは、これは祭祀用の器ではないだろうか。実用よりも装飾に重点を置いているのは、神を喜ばせるための工夫であろう。この器に食物を入れて神棚に供えれば、神前はひときわ賑やかになることだろう。それは神祭の基本である。煮炊きの痕跡も、縄文人の祭壇には、生《なま》ものもあったかもしれないが、火入れしたものも供えられていたことの証であろう。火焔型土器に盛り付けられた食物がずらりと並ぶさまは、いかにも縄文の神祀りにふさわしいではないか（＊ただし、火焔型土器には地域性があるようで、たとえば縄文時代最大級の三内丸山遺跡からは現在までのところ、一点も出土していない）。

縄文集落に必須の要件

ところで、縄文時代の遺跡の復元集落には決定的に欠落しているものがある。縄文期最大級とされる三内丸山遺跡も例外ではない。それは、日本の考古学の限界を示しているのかもしれない。その欠落しているものとは何か。

私は少なからぬ自著において、その「欠落しているもの」こそを追求してきた。お馴染みの読者にはお分かりのことと思うが、それは「神」すなわち「信仰」である。現在の私たちよりはるかに信仰心の篤い縄文人が、暮らしの中に「信仰」を表現しないはずがなく、むしろ彼らの暮らしは常に「信仰」と一体であったに違いない。「信仰」なしに集落が成り立っていたはずもなく、その痕跡こそは何よりも強く確実でなければならないだろう。しかし、復元集落にはその痕跡がほとんどない。それは、復元に携わった人材の思想に関わる問題かもしれない。

縄文時代において集落が成立するためには、二つの要件が充足されなければならない。その一つは、食料の安定的確保であり、もう一つは信仰による精神的安定の確保である。この両者が揃って初めて集落が成立するのであって、このいずれかが破綻した時には、その集落の命脈が尽きる時でもあるだろう。

しかもこの要件は、ごく最近まで日本の集落に継承され続けているものだ。日本人が懐かしむ風景といえば里山であるが、里山という概念は、水田や畑の中に人家が点在し、その中心に鎮守社があり、村落の形を成しているものである。

この構造は、水田や畑による食料の安定的確保と、鎮守の森に祀られる神社によって精神的安定性を確保しているわけである。神は山と里とを行き来して村人を見守り、里人は、たとえば秋には収穫された作物を神前に捧げて、盛大に祭りをおこない、集落の人々に一体感をもたらす。

そしてその原型は、縄文時代にある。日本列島の温暖化が進んだことから、各地域で定住化が始まり、豊かな森を背景とした集落が誕生した。そしてそこには同時に、神と祭りという原理が組み込まれている。ヒモロギ、イワクラ、カンナビを信仰していたであろう縄文人は、暮らしの中にその証しを表現していたはずである。後には神社に相当するであろう信仰施設の原型が、彼らの日々の安寧と一体感を保証していたことだろう。

青森の三内丸山遺跡は、縄文時代前期から中期（約五五〇〇年前～四〇〇〇年前）の最大級の大規模集落で、その一部が当該地に復元されて、当時の暮らしを体感できる施設として公開されている。五〇〇軒以上もの竪穴式住居群を始め（復元はその一部）、高床式倉庫群や、集会所と思われるような大型の竪穴式家屋もすでに十棟発掘されている。その他にも集落内には墓地、ごみ捨て場、粘土採掘場、道路など、永続的な集落として欠かせない施設がすべて揃っている。発掘にともなって出土した遺物は、土器や土偶、各種の道具類など、段ボール箱で数万個という膨大な量であり、この発見、発掘によって縄文文化の研究は大きく前進するだろう。

ところで、この圧倒的なスケールの遺跡を私たち日本国民にさらに強く印象付けたのは、巨大な柱の発掘であった。平成六年、直径一メートルもの掘立柱の根本が六本、整然と配置された形で発見された。他の住居や倉庫の柱と比べて圧倒的に太いのは、その柱で支える建物が住居や倉庫よりはるかに高く、かつ重要であることを意味する。巨柱の材質が栗の木であったことも示唆に富んでいた。――その後、平成十二～十三年に出雲大社境内で巨大な柱が発掘されて大きなニュースとなったが、それに勝るとも劣らない大発見であった。

現在、三内丸山遺跡にはいくつかの建築物が復元されているが、遺跡を象徴するこの六本柱の高楼は、柱と床だけの、さながら物見櫓のようなありさまで雨晒しになっている。屋根も壁もないのは、この建築物の使用目的が不明だからのようで、遺跡の復元に携わっている人たちの合意が形成できなかったためであるようだ。

ただ一応、公式には「祭祀関連施設」ということになっている。近年の考古学の慣習で、用途不明のものはすべて祭祀関連として、それ以上の研究は留保するという〝便利な方法〟をここでも採用したためである。こんな物見櫓のような祭祀施設があるはずもないのだが、わが国の考古学はそれ以上踏み込まずに逃げてしまった。「信仰」についての専門家・研究者を当初からの中心メンバーに入れていればこんなことにはならなかったことだろう。

そもそもこの集落に物見櫓は必要ない。堀や柵などの軍事施設がなく、それは周囲に敵がいなかったことを示している。戦闘の痕跡はほとんど見出されていないし、日々戦闘の危機に直面しているならともかく、永く平和な集落に、最大の労力を費やしてこれほど巨大な施設を建設する必要性はないだろう。

また、王たる者が住むにしても高すぎて適さない。人間が居住するには、日常的に必要な最小限の設備が整えられていなければならないし、出入りもある程度簡便性合理性が求められる。となれば、この高楼から集落を見下ろし見守るのは「神」を措いて他にないだろう。つまりこれは、神社の原型ではないだろうか。大きさと高さとを表現しているところから、これを「山の神」の家代《やしろ》とみることもできるだろう。すなわち、カンナビの里宮である。とすれば、この地域で最大のカンナビである岩木山の神であるかもしれない（あるいは八甲田山か）。

三内丸山集落は、おおよそ一五〇〇年間にわたって平和に繁栄していた。その間、遺跡遺物等等から戦闘の痕跡は見出されない。ところが、ある日唐突にこの大集落は放棄されてしまう。その理由は、これまでのところでは見当もついていない状況のようだが、私はここに一つの可能性を提示したい。六本柱の高楼を造り上げるほどの篤い信仰で集落が成り立っていたのであるならば、その集落が放棄されるのも、その信仰の根幹に関わるものであろうとは当然考えられることである。

であるならば、原因はカンナビである岩木山（または八甲田山）にあるのではないか。噴火や天候異変によってその山容が一変したか、あるいは地下水流の変化によって、伏流水の水源が涸れたか、いずれにせよ集落の人々が「天罰」と受け止めるような変化があった可能性は考えられる。先に述べたように集落が成立するには二つの大きな要件が不可欠である。であれば、そのいずれかが失われた時が、集落の命脈の尽きる時である。ちなみに、もし水源に問題があったとすれば、食料と信仰の両方に関わることになるだろう。これからの調査研究によって事実が明らかになることを期待したい。

赤き心

自然災害、いわゆる天災は、日本の風土には古来付きものである。大陸プレートの交点であるところから地震が頻繁に発生し、時には津波も押し寄せる。さらに火山帯であるところから、噴火や火山性地震も頻発する。また、太平洋の北西部に位置するところから、台風の直撃を受けることも少なくない。近年では気候変動の影響で、集中豪雨による土砂崩れや河川の氾濫が各地で頻発し、大きな被害をもたらしている。気候変動は近年の傾向でもあるが、雨雲の通り道でもある日本列島は、洪水や土砂崩れは常にこの風土に暮らす人々を悩ませてきた。これらの自然災害は現代においてもじゅうぶんに脅威であるが、治水土木技術のほとんどなかった時代においては、それこそ対抗する術《すべ》のない圧倒的な脅威であった。

こうした自然災害が起きた時、これを「恵み」だと考える者はいないだろう。ただしその感情は「恐怖」ではなく「畏怖」であろう。「恐怖」とは、ただ恐れ怖がることであるが、「畏怖」は恐れるとともに敬う心がある。その威力が、あまりに強大であるために人智を超えている際に、ひとは恐怖心をさらに凌駕する何ものかの存在を感知して、それを「カミ」と呼んだのだろう。萩野弘巳氏や野本寛一氏は、それを「地霊」としている。

東京の中心部、王子から上野にかけて切り立った絶壁が続くのは周知と思う。その崖の下を沿うように京浜東北線が南北に走っているが、このラインこそはかつての海辺であった。崖下まで波が打ち寄せ、そこから先は広大な湿地帯もしくは海の浅瀬であった。現在の台東区、江東区、荒川区、足立区、墨田区、江戸川区、葛飾区である。堤防と埋め立てによって居住地域となったのは江戸時代のことで、それ以前はほとんど人の住むことのない湿地であった。

地震・津波・噴火・大雨・洪水――日本列島に住む者は、古来こうした天変地異の数々に直面してきた。時には恨み、時には畏れ、時には諦め、それでもこの風土から去ろうとはせず、数万年の長きにわたって暮らし続けてきた。周囲が海だから逃げられなかったのかといえば、そのようなことではないだろう。海を越えてやってくる者ははるか古代から続いており、黒潮に乗って南方から多くの人々が移ってきた。あるいは島伝いに大陸や北方などからも少なからぬ人々が移ってきた。それを思えば、随時出て行くことはじゅうぶんにあり得ることだ。実際に千島列島伝いにアラスカ経由で移った人々の末裔が、北米や南米の原住民となった可能性はじゅうぶんに考えられる。

熊野は、長い歴史のうちで幾たびとなく津波を受けている。そしてそのなかには、壊滅的な被害を被ったこともたびたびあった。

鎌倉の大仏は今でこそ野ざらしになっているが、当初は東大寺と同様に大仏殿に納まっていた。しかし室町時代に津波によって伽藍は破壊された（＊それ以前に強風によって倒壊したとの説もあり）。以後、覆屋のないままに雨ざらしになっているのは、津波を必然と見て、再建を諦めた結果である。

大仏被災の時に、熊野も被災した可能性は高いが、これに限らず熊野は繰り返し津波で大きな被害に遭っている。そのために「死者の国」というイメージは常に付きまとっていたはずで、そういった前提が熊野信仰の形成に寄与していたと考えるのは自然な成り行きというものだろう。

紀伊半島は津波被害では、日本屈指の地域である。東南海地震等による被害予測の最新研究で、尾鷲市の被害が大きいとの予測があるが、その並びの新宮市も同様の被害が予想される。それは古代から繰り返されてきた災厄である。広川町の「稲むらの火」で知られる安政の大津波（一八五四年）が有名だが、実際には熊野灘に面した地域の被害が最も大きい。

しかも古代においては、被害と言えばまず「人の命」であった。建造物や田畑などは再建にさほどの労力は要しない。しかし家族や仲間の「死」の記憶は、容易に払拭されない。

鎌倉では一四九八年の津波で大きな被害をこうむったが（明応地震）、その際、熊野では神倉の磐座《いわくら》のみが押し寄せる津波の中で独り屹立していたのではないだろうか。それは、人々の畏怖の対象となっただろう。

そういった大自然から被る避けることのできない災害を天災と呼んだ。あるいは天罰とも受け止めた。それに対して古代の日本人が出した答えが「あかき心」である。「あかるい」「あきらか」などからの連想で、神に対して「正直」を意味する言葉として定着した。「赤色」への信仰からつながるもので、日本人は独自にこの言葉にたどりついたが、シナにおいても古くから「赤心《せきしん》」という言葉はあって、こちらもやはり「正直」に等しいものであるが、日本と異なるのはあくまでも対人関係におけるものだということだ。人は死ぬと神になると考えた日本人と、生身の人間として不老不死になることを最終目的とした漢民族との違いであろう。

「丹塗りの矢」に化身する縄文の神

日本の神は、恐ろしくて、優しくて――という、あたかも矛盾しているかのような二面性を持っている。しかしこれが日本の神信仰の本質で、その典型ともいうべき神こそはオオモノヌシ（大物主神）であろう。大神《おおみわ》神社の神体山に祀られる最も古き神に数えられるもので、三輪明神など多くの別名ももつ縄文神である。祟りなす神として時の天皇・崇神から恐れられつつも、皇女によって懇篤に祀られて、ついには国家鎮護の神となった。大神神社は伊勢神宮と共に、そういう位置づけの神社として成立した。三輪は縄文の信仰であり、伊勢は弥生の信仰である。そしてその証しは、大嘗祭に受け継がれ、粟と稲の祭祀として結実した。

それではオオモノヌシとは何者か。

「最古の神社」といわれる大神神社は、すでに述べたように祭祀形態としても古式をとどめている。私たちが知っている大多数の神社とは異なり、拝殿はあるものの、その奥に本殿はない。拝殿の奥はそのまま三輪山であって、三輪山そのものが祭神の神体である。この信仰形態こそは神社以前の縄文信仰の形態であって、三輪山もオオモノヌシも、弥生時代になるよりはるか以前より信仰されてきた神であろう。

そして三輪山は、オオモノヌシの墓、御陵であるだろうと私は考えている。『古事記』では、オオクニヌシが三諸山《みもろやま》（三輪山）へオオモノヌシを祀ったとしているので、それが根拠の第一である。

これはヤマトを去ることになるオオクニヌシが、自らの霊威を引き継がせるために三輪の王としてのお墨付きを与えるための関連づけかもしれない。オオクニヌシは出雲へ流竄となるが、三輪の地はオオモノヌシに引き継ぐ。三輪山に降臨するものこそは、この地の主である。

オオモノヌシの正体・実体について、「オオクニヌシの異称」や「オオクニヌシの幸魂奇魂《さきみたまくしみたま》」などとも古文書に記されているが、もとから別の神である。そもそも出雲の首長であるオオクニヌシが、オロチの長と同一では対立関係になりようがない（オオモノヌシの実体は蛇であると記されている）。オオモノヌシは、オオクニヌシでもオオナムヂでもなく、まったく別の神であるのだが、後世に政治的都合によって恣意的に接続されたものだろう。


オオモノヌシには伝説が多い。

神武天皇の皇后は媛蹈鞴五十鈴媛《ひめたたらいすずひめ》（伊須気余理比売《いすけよりひめ》）であるが、オオモノヌシの女《むすめ》であるとされる（コトシロヌシの女《むすめ》との異説もある）。神話ではオオモノヌシは「**丹塗りの矢**」に姿を変えて流れを下り、用足し中の勢夜陀多良比売《せやたたらひめ》の女陰《ほと》を突いて懐妊させる。そして生まれたのが初代天皇・神武の妃（皇后）となる。これは天孫族が出雲族を吸収したという意味であろう。

『古事記』には「丹」という文字が十一ヶ所出てくるが、丹塗矢《にぬりや》は一ヶ所のみ。他は助詞、人名、地名、当て字である。以下、ただ一ヶ所登場する本文の一節である（訓み下しは著者）。


ここに神の御子なりと謂《もう》す媛女《ひめ》あり。そを神の御子なりと謂す所以は、三嶋の湟咋《みぞくい》の女《むすめ》、名は勢夜陀多良比売《せやたたらひめ》、それ容姿麗美《かおよ》かりければ、

> 美和《みわ》の大物主神《おおものぬしのかみ》、見感《みめ》でて、その美人《おとめ》の為大便《かわや》にいれる時に、**丹塗矢**《にぬりや》に化《な》りて、その為大便《かわや》の溝《みぞ》の流れの下より、その美人の富登《ほと》を突きたまいき。
> かれ、その美人驚きて、立ち走りいすすぎき。
> かくてその矢をもち来て、床の辺に置きしかば、たちまちに麗しき壮夫《おとこ》に成りて、
> すなわちその美人に娶《みあ》いて生みませる子《みこ》、
> 名は富登多多良伊須須岐比売命《ほとたたらいすずわけひめのみこと》、またの名は比売多多良伊須気余理比売と謂す。
> こはその富登と云う事を悪《にく》みて後に改《か》えつる名也。かれ、ここを以て神の御子とは謂すなり。

「丹塗りの矢」は、賀茂神話などでも述べられているように、「神の化身」である。

オオモノヌシは、顔から身体全体に「丹《に》」の刺青を施していたのではないだろうか。そして偉大な戦士であったのだろう。「丹」塗りの「矢」に喩《たと》えているのは、それを象徴的に表現したものではないだろうか。

「丹塗矢伝説」は他にも各地にあって、『日本霊異記』には、雷神を捉えに行く小子部栖軽《ちいさこべのすがる》が、全身を朱色の武具で武装してゆくとあるのは朱塗りの矢束も背負っていくということで、これも丹朱に魔除けの神力があると信じていた証であるだろう。

日本の武術では、縄文時代後期から戦国時代に至るまでの数千年間というきわめて長い期間、第一の武術は弓矢であって、刀剣でも槍でもない（江戸時代には刀剣が第一となる）。それゆえ

弓も矢も製作の技術はいよいよ精度を高めて、『日本書紀』や『延喜式』に数多く録されているように、実戦のみならず、祭祀においても重要な儀式具や供物となった。

とりわけ祭壇には矢束を供えたり、空に向けて矢を射る儀式や（矢放ち）、矢をつがえずに弦《つる》のみを弾いてその音によって神おろしをおこなうこともおおいにおこなわれるようになる。流鏑《やぶさ》馬《め》、御奉《おび》射《しや》、御弓神事、矢立神事などその態様は様々であったが、とりわけ「矢」は『古事記』でも記されているように、神と人とをつなぐ力を持っており、「矢」は鏃《やじり》（先端の穂先）から箆《の》（軸の部分）、矢羽根（鷹や鷲の羽が好まれた）、筈《はず》（矢の末端の弦に番《つが》える部分）に至るまで、それぞれの製作技術は年々精緻を極めて、帝や皇族、高位の武人などが用いる「矢」はその一本一本が美術工芸品のレベルに達していた。

武士がとくに弓矢を尊重していたことは、戦の慣例にも表れていた。平安時代から戦国期にかけては、弓矢の神である八幡大菩薩に、武士がいざという時に誓約する言葉として、「南無弓矢八幡、御照覧あれ」との呪言が浸透していたほどである。

また、いわゆる「箸墓《はしはか》伝説」では、倭迹迹日百襲姫《やまとととひももそひめ》は夫のオオモノヌシが夜しか姿を見せないので訝ると、小さな蛇の姿を現す。これに驚いて叫んだために、オオモノヌシは恥じて三諸山（三輪山）へ登ってしまう。倭迹迹日百襲姫は悔やんで箸で女陰を突いて死んでしまう。このため埋葬された墓を箸墓と呼んだ。

いずれも「女陰《ほと》を突く」という共通項があるのは、女系による血族をシンボライズしたものであるだろう。娘を神武の皇后にする、つまり神武を娘婿としてヤマトに迎えて、ヤマト王権を継

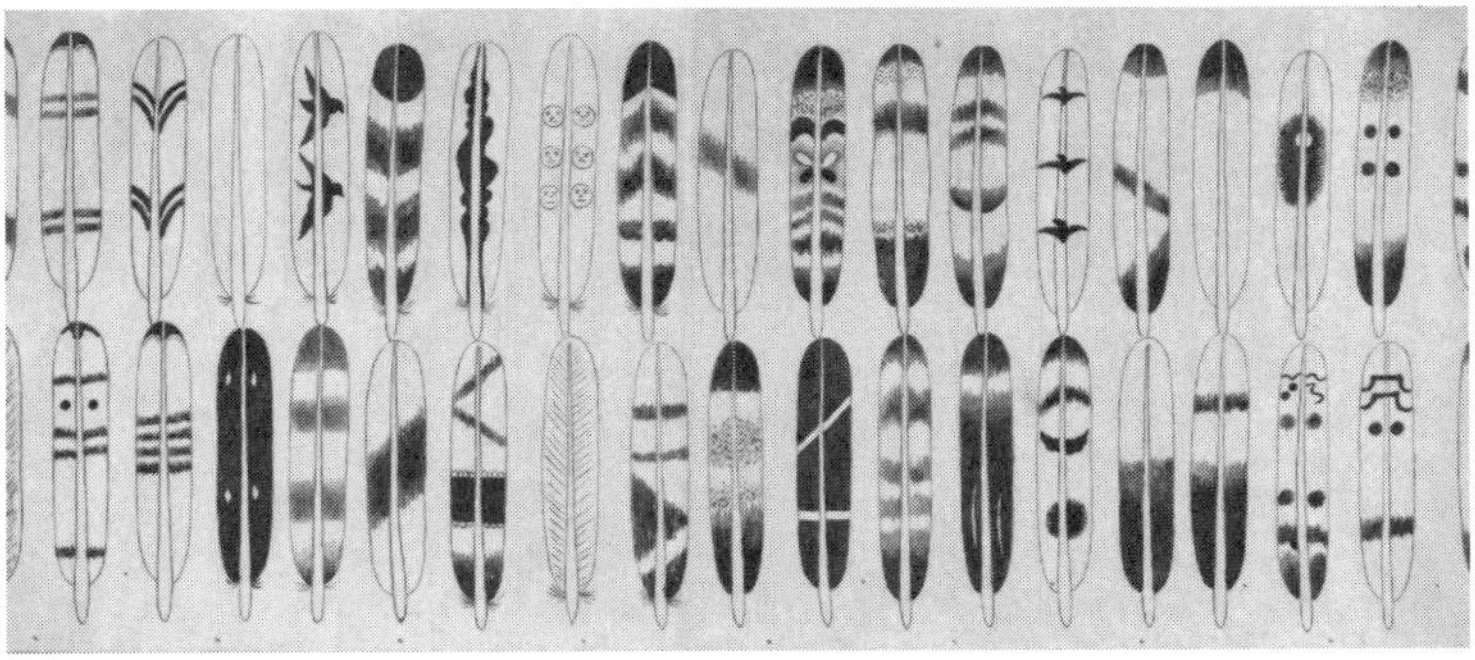

矢羽根之図（東京国立博物館蔵）出典 ColBase（https://colbase.nich.go.jp/）

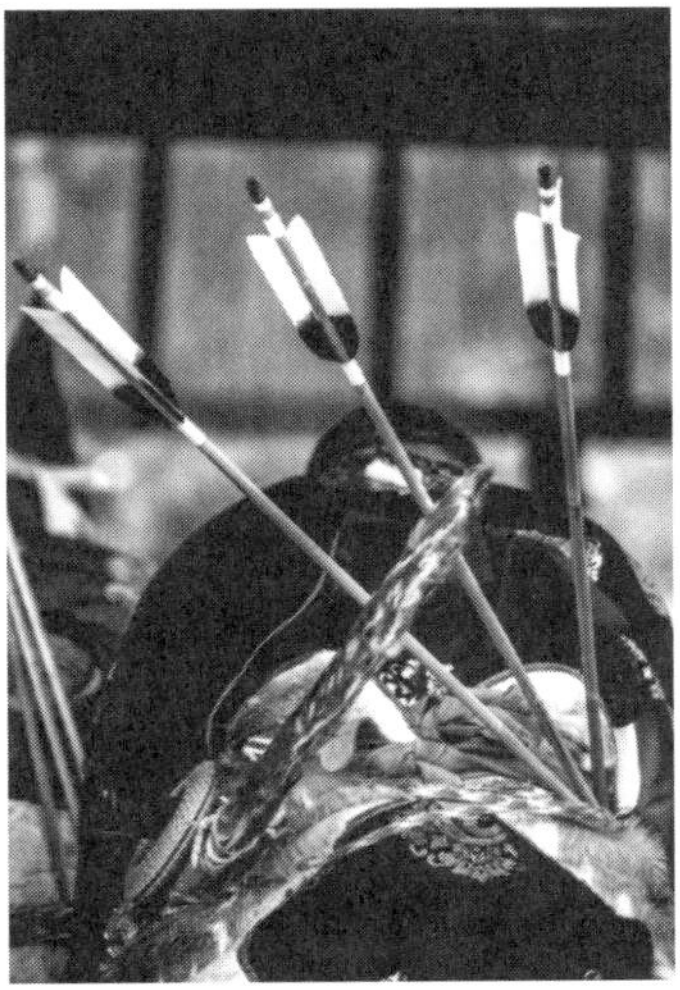

流鏑馬人、騎射前の拝礼。

矢羽根

承させることへの布石とも見える。

記紀の崇神《すじん》天皇の条には、災厄が多いので占ったところ、オオモノヌシの祟りであって、その子孫である大田田根子《おおたたねこ》に祀らせよとの神託があり、祀らせて鎮まった、とある。これが現在に続く大神神社である。

この祟り神の依り代が天叢雲剣《あまのむらくものつるぎ》である。大神神社・オオモノヌシは祟りなす強力な神であったが、天皇によって手篤く祀られたことにより国家の守護神となった。そしてその依り代は、三種の神器の一つとして、皇位継承の証しともなった。

三種の神器の一つである天叢雲剣は、斎宮・倭姫命からヤマトタケルに授けられた。これは、まぎれもない皇位継承の儀式である。無事に帰還すれば、次期天皇としての玉座が待っているはずであったのだ（＊三種の神器についての詳細は拙著『三種の神器』をご参照あれ）。


オオモノヌシは伝承上も偉大な神でありながら、実は三輪系統の神社でしか祀られていない。この事実は、オオモノヌシという神名が、ここに祀るためだけに作られたことを意味する。古くから親しまれている神は、時が経てば経つほどに信仰は周囲へと広がって行き、古ければ古いほど伝播範囲は広くなる。そしてそれを止めることは誰にもできない。

大神神社は、この国で最も古い神社の一つであるにもかかわらず、このように信仰圏が限定されているのは、別の名で広く信仰され崇敬されていた可能性がある。そしてその偉大さをヤマトの中心で高らかに謳い上げるわけには行かない事情があったからであろうと推察される。

大物主とは、文字通り「大」いなる「物」の「主」である。神名は本来、読み仮名で認識し、充当されている漢字にとらわれないことが肝心であるが、オオモノヌシについては当初からこの文字表記がされていて、これ以外の表記はない。つまり、この神名が誕生した時には「大物主」という表記に意図、あるいは意味が体現されていたと思われる。

蛇信仰は土俗神である。龍神信仰が渡来してからは、同類の伝承はその多くが龍に変わった。オオモノヌシの正体が白蛇であるのは、この神がより古い神であることの証左でもあって、おそらくは縄文由来であるだろう。また、オオモノヌシは名前ではないだろう。「オオ」は強調であり、「モノ」はカミであり、「ヌシ」は当地の主宰者を表している言葉であるから、固有名詞ではない。漠然とした代名詞と考えるのが妥当だろう。「物」とは、もののふ、物部《もののふ》のことであって、武力・軍事に長けた者、という意味である。これが氏族名になるのは後のことだ。

それでは「偉大なる物部の主」とは、誰のことか。それは、物部氏の氏祖であるウマシマジの伯父であり、後見人でもある長髄彦《ながすねひこ》である。別名のオオナムヂやオオクニヌシを祭神とする神社は全国に数多い。出雲系のほとんどがそうであるから、その数は一万社余に上る。しかし「別名」を容認するなら、の話である。

長髄彦の本来の名は、登美能那賀須泥毘古《とみのながすねひこ》、登美毘古《とみびこ》である。ニギハヤヒが降臨した鳥見白庭《とみのしらにわ》山《やま》（現・生駒市）を本拠としていたことによる名であろう。

なお、「こんぴらさん」の通称で知られる香川県の金刀比羅宮《ことひらぐう》は、大物主を祀っているが、これは明治の神仏分離の際に定めたものだ。元は真言宗の象頭山松尾寺金光院という寺院であったが、これを機に神社へと改宗した。その際に、古い伝承に基づいて祭神を大物主とした。オオモノヌシが象頭山に営んだ行宮《あんぐう》の跡を祭ったのが琴平神社であるが、中世以降に本地垂迹説により仏教の金毘羅《クンビーラ》と習合して金毘羅大権現と称した。ヒンドゥー教のガンジス川の神クンビーラだ。クンビーラ（マカラ）は元来、ガンジス川に棲む鰐を神格化した水神で、日本では蛇型とされる。オオモノヌシの正体が蛇であったという伝説は、ここへつながる。

三輪山の神こそは長髄彦である。崇神王朝に祟りを為した「神宝」こそは、長髄彦の御霊代《みたましろ》である天叢雲《あめのむらくものつるぎ》剣である。そして祟り神として鎮魂された。正体を蛇《おろち》としているのはその証しで、蛇体すなわちオロチと呼ばわるのは貶める意図があってのもので、その意図とは「祟り神」であるだろう。三輪信仰の本質も祟り神であって、だからこそ手篤く祀ればより強力な守護神となるというのは、御霊《ごりょう》信仰の原理である。

征討された「まつろわぬ神」

神武軍がヤマトに入る際に、各地で激戦があり、それぞれに族長を殺害している。これは「神殺し」である。この時代、族長の多くは同時に宗教的権威でもあって、すなわちその一族の〝神〟である。これらの神々を殺すことで、神武軍は征服を成し遂げて行く。「神殺し」こそは、征服の証しなのだ。

しかし「神殺し」の真相は、必ずしも物理的な殺害ではない。『日本書紀』を子細に見ると、殺されたはずの族長とおぼしき人物が、名を一部変えて、さらに地位を得て臣従していることに気付くだろう。微妙にタイムラグを設定しながらも記録を残しているのは、その子孫が現存するからだ。たとえ史書の上でとは言いながらも彼らの先祖を勝手に殺すわけにはいかない。彼らは、もとは敵対していたのに、その後帰順した大事な〝臣民〟だからだ。それに実際に殺害されたのは、ごく一部であって、政治的には殺害する必要はなく、新たな神に代えれば、帰順したこととなるのだ。新たな神とは、アマテラスである。

名草戸畔《なぐさとべ》などの挿話もその一つであろう。名草邑《むら》の首長・ナグサトベは殺されたことにし、その神威を吸収した新たな神を生む。この手法は、古代にしばしば使われたもので、私たちが今認識している信仰・祭祀の姿はその過程を経た後のものである。

まつろう神があれば、まつろわぬ神がいる。まつろう神とは弥生神であって、まつろわぬ神とは縄文神である。

白川静によれば以下。

【正】【征】【政】はもと一系の字であり、武力によって他の城邑人民を征服支配し、収奪を行なうことをいう。「まつりごと」が祭政的支配、祭祀を遵奉することによって「まつろふ」という支配の関係であるのに対して、【政】とは武力による征服支配をいう字である。

神道には『古事記』に伝えられる神々を軸とした「神の系譜」がある。その神については生い立ちや業績もある程度記されて、歴史上の神として認め知られてもいる。たとえば天照大御神や須佐之男命は、その姿を彷彿とさせるくらいに伝承は詳しい。互いにつながるいわれもほとんどが明らかになっている。

これに対して「土俗の神々」は、「まつろわぬ神々」である。「まつろわぬ」とは、すでに述べたように「まつりに参加しない」という意味であって、転じて「中央の意向に従わない」、「服さない」という意味になった。まつろわぬ神々は、鬼や天狗や河童など、各地で独特の信仰や伝承を生み出している。しかし実際のところ、土俗神の来歴については確かなことはほとんどわからないといってよい。あるものは地主神《じぬしがみ》（地神・地主様）であって、神社や寺院の建立されるはるか昔から、その地に祀られていた。また、あるものは自然現象への素朴な畏怖心が、人ならぬ異常の存在を感じさせて、それを神（妖怪・精霊）と伝えることになった。それらの中には、後になって異国の神に比定されたものもあるし、独特の名称を付与されて、完全に単独の信仰を形成したものさえある。

その中に紀伊山地の「丹《に》」を護るニウツヒメ（丹生都比売）もいた。高野山の麓に居を構え、まつろわぬ神として君臨するものであったが、後々、ヤマト朝廷に服従して「まつろう神」となった。しかし天神地祇に名を連ねることはなく、記紀にその名も収載されなかったが、『延喜式』の「神名帳」では、全国の丹生神社の本宮《もとみや》・丹生都比売神社として名神大社に列せられている（＊詳細は第三章にて）。

「ムスヒ」神は、縄文の神

土偶も土器も「火」が産み出すものであるところから、いずれも「ヒ」の信仰に基づくものであると古来信じられていた。土偶は豊穣祈願の太陽信仰であろうし、土器は火焔の力への敬意であろう。人は火力によって、生では食べられないものも食べられるようになり、またより美味しい食べ方や、多様な食べ方をも獲得した。「赤」色は、その事実を象徴的に表している。

縄文土器のシンボルともされる「火焔《かえん》（型）土器（馬高式土器）」は、その姿が燃え上がる炎のように見えるところから呼ばれた通称に発しているとされているが、それはともかく、土器である以上、火焔の中から産み出されたものであることは紛れもない事実である。

現在私たちが承知している陶磁器は、窯《かま》の中で一三〇〇度以上にもなる高温で焼成されるが、縄文時代の土器等は、いわゆる「野焼き」というもので、焚き火で焼き芋を作るのと基本的には一緒の方法である。焼成温度もせいぜい五〇〇度から八〇〇度くらいであるから、素材粘土の質の荒さもあって、後世の陶磁器などと比べるとはるかに脆い。

しかし野焼きで焼成する際に、火焔型土器や土偶が炎の中にたたずむ様は、縄文人には特別の思いを抱かせたに違いない。あらゆるものが焼き尽くされる炎の中で、炎と一体になって赤々と輝き、やがて炎が尽きた後に、灰の中から焼き締められた姿となって誕生するのだ。

ただしそれは、土器全般に言えることで、とくに土偶や火焔型土器に限ってのものではないだろう。すなわち縄文人にとっての「ヒ」の信仰は、もっと普遍的なものであろう。

なお、「ムスヒ」は転じて「ムスビ」すなわち「結び」となるのだが、それははるか後世のことである。本来は「ムスヒ」と「結び」は何の関係もないもので、日本語にはしばしば起こる語呂合わせに過ぎない。

これまでに既刊著書で私は何度か述べてきているが、土偶は「ミケツカミ（食物神）」であって、殺された女神から穀物や海山の産物が発生するという「ハイヌウェレ型神話」に属するもので、より古い起源を示唆している。弥生より古き神、すなわち、これはまぎれもなく縄文の神である。

また土偶は、女性を象《かたど》るものがほとんどで（＊男性らしきものがほんの数点あるが確証はない）、しかもそのほぼすべてが破壊された状態で発掘されている。つまり、破壊するために造っているのだ。そして破壊は、死を意味する。つまり、殺害することが目的の呪術である。これこそは先に見た大宜《おおげ》都《つ》比《ひ》売《め》神や保食神《うけもちのかみ》、大御《おおみ》食《け》都《つ》姫《ひめ》神に共通する食物起源神話そのものである。殺害された女性神の身体から、海山の産物が生まれるのだ。

すなわち土偶は、豊穣祈願の縄文祭祀なのである（焼成した時点で祭具呪具となり、破壊することが呪術祭祀となる）。少なくとも弥生の神ではなく、ヤマトの神でもない。すでにその以前より存在していながら、畏敬すべき神として取り込まれたものである。

ただし、土偶には二種類ある。

一つは、右に述べた役割を持つ土偶。これは破壊されることが前提になっているもので、したがって立体造形にあまり拘泥《こうでい》しない。

そしてもう一つは、決して破壊されることはなく、むしろ破壊してはならない土偶である。「土偶」とひとことで言っても、それはきわめて多種多様であり、しかも製作された期間もきわめて長期であり、地域も日本列島の北から南まできわめて広範囲である。にもかかわらず、そのすべてを「土偶」のひとことで括ってしまったのは、誤解の原因になった。むろん今さら別の呼び名を付けたりすれば、さらに混乱を招きかねないので別の方法で区別されるべきだろうから、私は「破壊土偶」と「非破壊土偶」と便宜的に呼び分けている。時代も素材も人型であることも共通しているが、その製造目的・使用目的がまったく異なるからだ。

非破壊土偶の最たるものは、「仮面の女神」としてその名を知られるものである。二〇〇〇(平成十二)年に茅野市湖東《こひがし》の中ッ《なか》原《ぱら》遺跡から発掘されて、まもなく国宝にも指定されて大きな話題となった。これに比べると、ほとんど無名に等しいが、すでに昭和初期に長野県上伊那郡辰野町の新町遺跡から、「仮面土偶」が発掘されている(辰野町と茅野市はちょうど真ん中に、諏訪大社本宮の神体山である守屋山を挟んで東西に位置している)。昭和初期、辰野町新町泉水地籍でおこなわれた開田工事の際に発見されたものである。両腕を左右に広げ、力強く足をふんばり、当時の出産の姿勢を示すとされているが、顔面にはこの土偶の名のとおり、逆三角形の仮面を付けていて、まさか出産に仮面を付けたりはしないだろうから、私は別の解釈をしている。

これら二体の土偶の下半身の、とくに足に注目したい。女体の足を、こうまで太く短く造る必要はまったくないのであって、それでもこのような造形としているのは、その造形に特別な意味があるからこのように造ったと考えなければならないだろう。すなわちこれは、大地を踏みしめる姿である。しかも、踏みしめて、そのまま押さえ込む、つまり封印するという意味が込められているのではないだろうか。

諏訪大社本宮が相撲と関わりが深いのも、こういった古代の呪術と関係があるのかもしれない。力士の土俵入りは地固めの呪術であって、そのはるか古代において土偶が「四股《しこ》」を踏むかのように両足を踏ん張っている姿に見えるのは、これは大地を踏み固める呪術であろう。つまりこれらの土偶が表しているものは、相撲の土俵入りの原型であり、起源であろう。しかも、このタイプの土偶が発見発掘される場所は、地震と不可分の関係にある。

これまでに全国で発掘発見されている土偶の様式は一定していない。埴輪が統一された造形方針であるのと比較すると歴然であるが、土偶は地域によって多種多様である。したがって右に示した土偶の特徴はあくまでも諏訪地方についてのものであって、さしずめ「諏訪タイプ」とでも言えるだろうか。地震への畏怖が作らせた造形であって、土偶はその目的とする呪術によって造形が選ばれたと考えるべきだろう。

なお土偶はこれまでに約一八〇〇〇体が発掘発見されているが、そのうち男性像の可能性があると思われるのは前述のように数体のみで、他はほぼすべて女性像である。私見であるが、土偶が女体なのは、その制作者が女性だからではないだろうか。そして、紛れもなく大人の手になるものであるだろう。装飾の精緻さは子供の能力の及ばないレベルのものが少なからず見受けられるからでもあるが、なによりも縄文土偶の基本的な造形が「ヘタな模倣」ではなく、「独自の創造」であるからだ。ちなみに古墳時代の埴輪がヘタな模倣つまり幼稚なのは、その制作者が子供だからだと私は考えている。

加えて重要な点は、縄文土偶の多くには複雑かつ丹念な「赤色顔料」の彩色が見られるが、古墳時代埴輪ではごく簡単な部分着色であるということであろう。古代における彩色技術は大人でも熟練するには相応の訓練が必要で、まして子供には手に余ることだろう。埴輪の彩色には大人の補助があったとも考えられるが、造形上の感性を損なわないよう表面的なレベルにとどめているると解釈することも可能である。もしかすると「子供の聖性」を重視する祭りは、埴輪文化の時代から始まったのかもしれない。

第二章　煉丹術《れんたんじゅつ》と化学……たん（丹）を求めて

煉丹術の誕生

呪術《じゅじゅつ》とされるものの大半が非科学的な幻想であることを現代に生きる私たちは常識として承知しているが、私たちの遠い祖先たちはこれを信じていたか、もしくは信じたがっていた。しかもそれは無知な庶民だけのことではなく、国を統《す》べる立場にあるようなある種の選民や知識人でさえそうであった。そして彼らはあらゆる方法でそれを追究し実行しようとした。欧州では錬金《れんきん》術《じゅつ》として、シナでは煉丹術《れんたんじゅつ》として。その煉丹術がヤマトへ持ち込まれたのは弥生時代の初期、古代道教の渡来に伴うものであるとされている。

西洋の「錬金術」は、文字通り「黄金」を創り出す技術（魔術？）のことであった。黄金が貴重なのは昔も今も変わりなく、これを人工的に製造しようと取り組んだのが錬金術であって、そのために多様な研究や実験（＊人体実験も少なくない）がおこなわれたが、むろんいかなる方法でも黄金は創り出せなかったのは周知の通りである。

しかし、西洋の錬金術は最終目的である黄金こそ創り出せなかったが、科学《science》（とくに化学《chemistry》）の祖として、少なからぬ成果をその後の人類にもたらしている。火薬、硫酸、塩酸、王水《おうすい》などの発見発明は、まぎれもなく錬金術の成果である。

後世、ダイナマイトを発明したアルフレッド・ノーベル（ノーベル賞の生みの親）を皮肉って「錬金術師」と呼ぶ者もいるようだが、良くも悪くも間違いではない。

その錬金術は、実は古代シナの「煉丹術（錬丹術）」に由来している。聞き慣れない言葉だと思うが、前章で述べた「丹」を主原料として（＊厳密には辰砂から抽出した水銀が主原料）、様様なものとの加熱化合を繰り返して「不老不死の仙薬」を作り出そうというものである。

葛洪《かっこう》（二八三～三四三年）の著した『抱朴子《ほうぼくし》』（三一七年完成）に（抱朴子とは葛洪の号）、煉丹術とは「仙丹《せんたん》（還丹《せんたん》）」を作り出すこと、とあって、九種類の作り方があるとされていた。これを「九丹（九鼎丹）」という。

また、辰砂《しんしゃ》から水銀を分離し、その水銀に黄金を合わせて液体化したものを「金丹（金液）」として、これも不老不死の霊薬であるとしていた（金丹には他の製造方法もある）。

なお、丹薬からは、いくつかの方法で黄金を作り出すこともできると『抱朴子』には記されていて（後述）、つまり煉丹術とは錬金術でもあるということになる。

煉丹術には外丹と内丹とがあって、化学的に仙丹（仙薬）を作り出すことを外丹、それを服用して仙人となるための修行法を内丹と称して区別している（後に服用は前提条件ではなくなる）。いずれにしても丹薬の主原料は水銀である。服用することは人体にきわめて有害であることは現在では常識であるが、近年までその事実を承知している者はごく少数であった。そのため、方士の言説を信じて服用して、歴代の皇帝六人が死に至ったと『旧唐書《くとうじょ》』『新唐書』などの歴史書に明記されている。

水銀を体内に入れることの危険性・毒性を私たちの世代は子供の頃にすでに学んでいるが（現代日本の教育では学ぶ機会が減っているらしいが）、そんな私たち現代人でも、つい最近まで日常的に水銀に親しんでいた。

たとえば水銀柱の体温計は昭和の時代にはどこの家にも普通に用意されていたが、それも今は見かけることもない。もし保有しているお宅があるなら、水銀は、きわめて危険で生命に関わるので、取り扱いにはくれぐれもご用心を。廃棄するには産業廃棄物としての届け出が必要と、日本医師会も警鐘告知している。

「水俣条約の採択を受け、二〇一五年中に『水銀による環境の汚染の防止に関する法律（水銀汚染防止法）』等が成立し、本法に基づく特定水銀使用製品に該当する水銀血圧計・水銀体温計は二〇二一年一月一日以降の製造・輸出入が禁止となりました。」（日本医師会ホームページより／二〇一六年四月一日）。

『抱朴子』の「金丹」篇に、

「黄金は火に入れて百回練っても消えず、土に埋めても腐らず、すなわち不朽であるから、人体を不老不死とすることができる」

と書かれている。この黄金を水銀に溶融させて服用するのが不老不死となるための方法であるという。葛洪自身はこの時まだ普通に生きながらえているのであるから摂取服用していないということで、自分自身が体内に入れていないものを他人に推奨していることになる。

葛洪自身は不老不死を望まなかったからだという理屈はあり得るが、それではどうやって効能を証明したのかということになる。葛洪は六十歳で亡くなっているので（羅浮《らふ》山で亡くなったが、後世、尸解《しかい》したとの伝説が生まれる）、永遠の生命を獲得した人物がもしいたとしても、それをみずからの目で確認することはできないことになる。

ちなみに「尸解」とは、「尸解仙《しかいせん》」とも称する仙人の一つで、方士が肉体の死を迎えた時に、魂魄ともども肉体が登仙して消え失せ、衣類や冠などが抜け殻であるかのように残されることをいう。

外丹は本来の目的である不老不死の秘薬は作り出せなかった訳であるが、皮肉にも副産物として様々な化学的成果を上げている（内丹は道《タオ》教の修行術として別途発展する）。

この経緯などからもわかるように、錬金術と煉丹術（外丹）は、元はほぼ同じ意味なのである。しいていえば、錬金術は最終目的が黄金の製造であるが、煉丹術はそれを用いてさらにその先の不老不死になることであった。

九丹《きゆうたん》と金液

『抱朴子』（三一七年完成）の論理は黄帝《こうてい》が記したとされる丹術の経典『黄帝九鼎神丹経《きゆうていしんたんけい》』に依っている。

「黄帝の九鼎神丹経を按ずるに曰く、黄帝これを服して、遂に以て昇仙すと。また云く、呼吸導引し、及び草木の薬を服さば、年を延ばすことを得可しと雖《いえど》も、死を免れず。神丹を服さば、人寿をして窮《きわま》り已《や》むこと無からしめ、天地と興《とも》に相畢《お》へ、雲に乗り龍に駕し、太清《たいせい》に上下せしむと。」

すなわち、草木の薬を飲むと、寿命を延ばすことはできるが、死は逃れない。しかし**「神丹」**を飲めば人間の寿命が尽きることをなくして、不老不死の仙人になれると言っている。

なおここで「神丹」の語を用いているが、これは特定の丹薬を指しているのではなく、九種類の丹薬全体を指しているようで、本書『抱朴子』にはこういった混乱が少なからずあるので注意が必要だろう。一冊ずつ何者かが書き写したものが流布した時代なので、書写した人物の能力によって誤写誤字等々が少なからず起きていると思われる。

魏・晋の時代の丹法は、基本的には「黄帝九鼎神丹経」や「太清《たいしん》金液神丹経」の処方に倣うもので、煉丹術でおこなわれる化学反応は、火法（焼火・燃焦など）と、水法（溶液中で融解など）の二種類の反応方法を用いていた。

「還丹の法」は、硫化水銀（HgS　辰砂・丹砂）の粉末を成分としている。加熱すると丹に還元するところからこの呼び名は由来している。

「金液の法」は、水法の一つで、水銀に黄金を融解した溶液、酢または硝石（KNO_3）を含む溶液に黄金を融解した溶液が金色であることに由来している。

そして次のように金丹篇の冒頭で断言している。

「還丹金液を以て大要と為さざる者莫し。然らば則ちこの二事は、蓋《けだし》、仙道の極なり、これを服して仙たらざれば、則ち古来仙無からん。」

すなわち、古来あらゆる研究成果は、還丹と金液とを解答としている。であるから、この二つこそは仙道の極意である。これを服用して仙人になれないのであれば、古来、仙人というものはないだろう（＊「否、ある」という漢語の用法。しかし現代では化学の進歩によって残念ながら逆の意味になってしまうが）。

「（中略）世人は、神丹を合わせずして、かえって草木の葉を信ず。草木の薬は、これを埋むれば即ち腐り、これを煮れば即ち爛《ただ》れ、これを焼けば即ち焦《こ》ぐ。自ら生くる能はずして、何ぞ能《よ》く人を生かさんや。九丹は、長生の要にして、凡人のまさに見聞すべき所に非ず。おおくの人蠢々として、ただ富貴を貪るを知るのみ。あに、行尸《こうし》といふ者に非ずや。合わす時は、またまさに祭るべし。祭には自ら円法一巻有り。」

草木薬と丹薬とに対すべき姿勢について葛洪がかなり執拗に繰り返し注意を促しているのは、外丹と内丹とは連動すべきものであって、ふさわしくない人間が丹薬をみだりに用いてはならないと厳命することによって、丹薬の効能が現出しなかった場合には、その当人が丹薬にふさわしい人間ではなかったからだとの論理も働くという意味か。

それゆえ、金丹派の方士は、丹法を極秘としていたため、知る者はきわめて少なかったという。方士みずからにとっても、煉丹を実践することは一生の大事であって、葛洪も最晩年になってから家族と弟子を伴ってはるか広東の羅浮山まで行ったのは、丹砂を入手して煉丹術をおこなうためであったと伝えられている。

いずれにせよ、その「九種類の丹（九鼎《きゅうてい》丹、九丹）」について葛洪は次のように記している。

第一の丹（＊九鼎丹の第一鼎）を名づけて「**丹華**」と曰《い》う。まさに先づ玄黄を作るべし（＊「玄黄」の作り方は本書の他の箇所に記されている）。雄黄水《ゆうおうすい》、礬石水《ばんせきすい》、戎塩《じゅうえん》、鹵塩《ろえん》、礜石《よせき》、牡《ぼ》礪《れい》、赤石脂《せきせきし》、滑石《かつせき》、胡粉《ごふん》各数十斤《きん》を用い、以て六一泥と為して、これを火《た》くこと三十六日にして成り、これを服すること七日にして仙す。また玄膏を以てこの丹を丸め、猛火の上に置けば、須臾《すゆ》にして黄金と成る。また二百四十銖《しゅ》を以て、水銀百斤に合わせ、これを火くもまた黄金と

生きる演技

町屋良平

家族も友達もこの国も、みんな演技だろ――元「天才」子役と「炎上系」俳優。高一男子ふたりが、文化祭で演じた本気の舞台は、戦争の惨劇。芥川賞作家による圧巻の最高到達点。

▼二四七五円

嘘つき姫

坂崎かおる

戦争の中で嘘が姉妹を繋ぐ「嘘つき姫」ほか、書き下ろし二篇を含む全九篇。小説が待ち焦がれた才能、正真正銘「待望」の初作品集。

▼一八七〇円

はじめての橋本治論

千木良悠子

小説、古典新訳、評論など、ジャンルを横断して活躍した橋本治。日本と日本人と日本語を問いつづけた作家・思想家の初の本格評論。

▼三八五〇円

成る。金成れば薬成れるなり。金成らざれば、更に薬を封じてこれを火き、日数を前の如くせば成らざること無きなり。

第二の**丹**を名づけて「**神丹**」と曰い、また「**神符**」とも曰う。これを服すること百日にして仙す。水火を行度《わた》るに、この丹を以て足下に塗れば、水上を歩行すべし。これを服すること三刀圭《さじ》なれば、三尸《さんし》九蟲皆すなわち消壊し、百病皆癒ゆ。

第三の**丹**を名付けて「**神丹**」と曰う。一刀圭《さじ》を服さば、百日にして仙す。以て六畜（＊馬牛羊鶏犬豕）に与えてこれを呑ましむるも、またついに死せず。また能く五兵を辟《しりぞ》く。服することと百日なれば、仙人、玉女、山川の鬼神、皆来たりてこれに侍し、人の形の如きを見《あらわ》さん。

第四の**丹**を名づけて「**還丹**《せんたん》」と曰う。一刀圭《さじ》を服さば、百日にして仙す。朱鳥《しゅちょう》、鳳凰《ほうおう》、その上に翔《かけ》り覆《おお》い、玉女傍に至らん。一刀圭を以て、水銀一斤に合わせ、これを火《や》けば、立ちどころに黄金と成る。この丹を以て、銭物に塗りてこれを用うれば、即日に皆還り、この丹を以て、凡人の目上に書すれば、百鬼走り避く。

第五の**丹**を「**餌丹**《じたん》」と名づく。これを服すること三十日にして仙す。鬼神来り侍し、玉女前に至らん。

第六の**丹**を「**錬丹**《れんたん》」と名づく。これを服すること十日にして仙す。また、汞《こう》と丹を合わしてこれを火《や》けば、また黄金と成る。

第七の**丹**を「**柔丹**」と名づく。一刀圭《さじ》を服さば、百日にして仙す。缺盆子《いちご》汁（＊多年生の草）を以て和してこれを服さば、九十の老翁もまた能く子有り。金公（＊鉛のことか）と合してこれを火けば、即ち黄金と成る。

第八の丹を「**伏丹**」と名づく。これを服さば、即日にして仙す。この丹の棗核許《そうかくきょ》の如きを以てこれを持すれば、百鬼これを避く。丹を以て門戸の上に書かば、万邪衆精敢て前《すす》まず。また盗賊虎狼を辟《しりぞ》く。

第九の丹を「**寒丹**」と名づく。一刀圭《さじ》を服さば、百日にして仙す。仙童仙女来り侍し、飛行軽挙するに羽翼を用いず。

凡《およ》そこの九丹は、但一丹を得ればたちまち仙す。悉《みな》はこれを作るに在りとせず。これを作るは人の好む所の者に在るのみ。

凡そ九丹を服するときは、天に昇らんと欲せば則ち去り、しばらく人間に止《とどま》らんと欲せばまた意に任す。皆能く無間に出入し、得てこれを害す可からず。

第二と第三が共に「神丹」となっているのは元本の誤写か、あるいは後世の誤植であろうが、いずれであるか不明である。第四が「還丹」とあり、第六が「錬丹」とあるのも同様で、同音の別字である可能性が高いだろう。

また実際に原材料と作り方が記されているのは「第一の丹華」のみで、他は、飲んだ後にはどうなるかということが、記されているばかりで、明確な区別とは言いがたい。

これらの「九つの丹」は仙薬とし優れたものであると、以下のように葛洪は述べている。

「九丹は、誠に仙薬の上法たり。しかれども、合作の用うる所、雑薬甚だ多し。もし四方精通ならば、これを市《か》うてそなう可きも、もし九域分隔せば、すなわち其物或いは得可からざるなり。またまさに火を起すこと昼夜数十日、火力を伺候して、その適を失はしむ可からざるべく、勤苦することも至りて難し。ゆえに金液を合すことの易きに及ばざるなり。金液を合すには、唯金を得難しとなすのみ。」

ただし、九つとも作るためには材料の入手および労力ともにきわめて困難であって、それに比べたら金液を作るのは容易い。ただし、材料の黄金を入手するのが高価なので、ひときわ大変であるが（＊別の箇所にある通りならば、数十キログラムに及ぶ黄金が必要）。

ちなみに、砂金から金を取り出す方法は、砂金に水銀を通過させると、金が水銀に溶け込んで、砂のみを残して流れ出すので、次に加熱して水銀を蒸発させると金のみが残るというのが昔からの最も素朴な手法である。つまり、水銀に金が溶け込んでいる状態のものが金液であるとも考えられるだろう。そうであるとすれば、金液を服用するということは相当量の水銀を服用することであるから、いかなる人間であってもその命にかかわることになるだろう。

葛洪は九種類の丹薬全体を「還丹」と呼び、特定の丹を指すこともあって、これも『抱朴子』の中では厳密には一定していないが、いずれにせよ黄金を原料として作る液体の丹薬を「金液」

と呼んでいる。要するに「丸薬・粉薬（＝固体）」と「水薬（＝液体）」があるということである。なお、寿命を延ばす薬は原材料が「植物」で、不老不死の丹薬は原材料が「鉱物」であると理解することもできる。いわゆる漢方薬（これは和語であって、漢土においては単に「薬」とのみ称する）は原材料のほとんどが植物で、これに対して丹砂辰砂も黄金も鉱物である。そしてその鉱物の中でも「金」が最上とされ、次いで「銀」「水銀」であるとする。

（＊本項の現代かな遣いによる書き下し、および訳文は著者による）

秦使《しんし》の渡海記録

歴代皇帝の、少なくとも六人以上が「不老不死」になりたくて「丹薬」を服用して死亡しているのだが、それを最初におこなったのは、おそらく秦の始皇帝（紀元前二五九〜紀元前二一〇）であろう。

しかし始皇帝は、丹薬は最後の手段と考えたのか、まず先に方士を東の海の彼方にあるとされる神仙郷へ派遣して、「仙薬」を入手しようと考えた。そのいきさつが『史記』の「淮南衡山《わいなんこうざん》列伝第五十八」に記録されている。

【原文】

「（秦王）又使徐福入海求神異物。還為偽辞曰、臣見海中大神。言曰、汝西皇之使邪。臣答曰、然。汝何求。曰、願請延年益寿薬。神曰、汝秦王之礼薄、得観而不得取。即従臣東南至蓬萊山、見芝成宮闕。有使者銅色而龍形、光上照天。於是臣再拜問曰、宜何資以献。海神曰、以令名男子若振女与百工之事、即得之矣。秦皇帝大説、遣振男女三千人、資之五穀種百工而行。徐福得平原広沢、止王不来。」

【書き下し文】

「(秦始皇帝)又、徐福をして海に入りて神異の物を求めしむ。還りて偽辞を為して曰く、臣、海中の大神を見る。言いて曰く、汝は西皇の使いか、と。臣答えて曰く、然り、と。汝、何をか求むる、と。曰く、願わくは延年益寿の薬を請わん、と。神、曰く、汝が秦王の礼薄し。観るを得れども取るを得ず、と。即ち臣を従えて、東南のかた蓬莱山に至り、芝成《しせい》の宮闕《きゆうけつ》を見る。使者あり、銅色にして龍形、光上りて天を照らす。是に於いて、臣、再拝して問いて曰く、よろしく何を資としてか以て献ずべき、と。海神曰く、令名の男子および振女《しんじよ》と、百工の事とを以てせば、即ちこれを得ん、と。秦の皇帝大いに喜び、振男女三千人を遣わし、これに五穀の種と百工とを資して行かしむ。徐福、平原広沢を得て止まり、王となりて来たらず。」

【訳文】

「(秦の始皇帝は)徐福を海に行かせて神秘のものを探させた。徐福は帰還すると、こう虚言を述べた。私は海中の大神に会いました。神は、おまえは西の皇帝の使いか、と尋ねました。私は、そうですと答えました。おまえは何を求めて来たのか、と尋ねました。私は、不老長寿の薬をいただきたいと答えました。神は、おまえたちの秦王は貢ぎ物が少ない。だから、観るだけは許すが、持って行くことは許さない、と言われたのです。そして私を連れて東南の方位にある蓬萊山に行き、霊芝で造られた宮殿を見せられました。そこには、銅色の龍が使者として守り、その発する光は天を照らしておりました。そこで私は再度礼拝して、何を献上すればよろしいのでしょうか、と尋ねました。海神は、良家の男子と童女、およびあらゆる分野の職人とを献上すれば、得ることができるだろう、と答えました。秦の始皇帝はこれを聞いて大変喜び、男女の童子三千人と、これに五穀の種子、すべての分野の職人を、徐福に託して送り出した。しかし徐福は、平野と湖沼を得て彼の地にとどまり、みずから王となって、戻らなかった。」

（＊書き下し文・訳文とも筆者による）

徐福とは、道教・神仙道の方士（方術士・道士）であって、後世日本で陰陽師と称されたものの原型とされる人物である。始皇帝がその徐福に命じたのは「不老不死の霊薬」を入手することで、シナの歴史上、初めて全土を統一した始皇帝が最後に求めたのは、霊薬によって得られる自身の永遠の生命であったというのは、始皇帝の本性を表していると言えるだろう。そのためには多くの人民を供物として神に捧げることも厭わないというのであるから、皇帝としての資格を問われても仕方がないだろう。

霊薬は、伝説の神仙の国・蓬萊山において入手できるとされる。しかしそこは、東南海上にあるというものの、方士でなければ近づくことさえできない場所である。そこで始皇帝は徐福に命ずることにした。海神への献上として良家の若い男女三千人と、あらゆる分野の技術者たち百人と「五穀の種子」とを徐福に預けて送り出した。しかし徐福は、ついに帰ることはなかった。彼の地で平原と湖の地を得て、その王となったというのだ。『史記』の編纂者が、徐福が彼の地で王になったという情報をどのようにして入手したのか不明であるが、「彼の地」というのが、紀元前三世紀の日本のことであるとするなら、なんとも興味深い記録である。

これがいわゆる「徐福伝説」である。正しくは、「始皇帝が方士・徐福に欺されて、多くの若者と技術者と五穀の種子とを持たせて、船団を仕立てて海の東へ送り出してやった」という記録である。

この記事が書かれたのは、徐福が旅立って数十年後のことなので、人々の記憶もまだまだじゅうぶんに確かなものであったはずで、司馬遷にとってもさながら「同時代史」を記録するような思いであったに違いない。さしずめ、いま私たちが昭和史を書くようなものだろう。それだけに「伝説」とはいうものの、まったくの虚構であるとは思われない。おそらくはこれに近い事実があったからこそ伝承されていたもので、まだ生き証人がいてもおかしくない程度の時間しか経過していないのだ。

日本各地に残る「徐福渡来伝説」も、あるいはすべて事実かもしれない。シナの複数の歴史書に記されるままでないにせよ、相当数の船団が移住の準備を整えた上で東を目指して船出したことは事実であろう。そして彼らの大半が日本列島に着到したことも間違いあるまい。当時でもすでにその程度の造船航海技術を彼らは保有していたと考えられるし、移住を想定した小国家建設のための人的物的準備もじゅうぶんに用意したことだろう。その彼らは、南九州で二手に別れたと考えることもできる。太平洋側を進むチームと、日本海側を進むチームとである。そしてここから先は何ヶ所かに別れて上陸したとも考えられるだろう。その何ヶ所かが徐福渡来伝説の伝承地になっているのかもしれない。

さて徐福一行の目的地である蓬萊山は、どこを基点にするかで多少変わるが、方角的には日本の九州から沖縄、台湾などが該当する。いずれにしても三千人＋百工が船旅をするとなれば、これは稀に見る大船団である。しかもすべての船に運航のための乗組員がいる。となれば、総勢四千人は下らないのではないか。紀元前二〇〇年頃の社会状況を考えると、来られたほうは国家体制をゆるがすほどの大人数であるだろう（＊いわゆる「白髪三千丈」のような大げさな表現であるにしても、相当数の人数であったことだろう）。

ちなみに吉野ヶ里遺跡の居住人口が千人程度とされている。女王ヒミコが死去したのが二四八年頃であるが、侍女千人が仕えており、その当時には邪馬臺国の人口は七千余戸であったと記録されている。つまり国家の総人口が数十万人である。徐福一行が渡来したのはそれより四百年ほど前のことだ。

ところで、日本の古代史を検証するのに、もっぱらシナの文献資料に頼るのはどうしたことかと思っている読者も少なくないに違いない。かくいう私も、かつて歴史を学び始めた頃にそう思っていた。日本の歴史なのだから、まず第一に日本の資料を精査すべきではないか、と。しかし残念ながら日本の文献資料（歴史書）には八世紀以前のものがほとんどないのだ。最古の文献が『古事記』で七一二年、『日本書紀』で七二〇年である。残念なことにそれ以前のものは、わずかな断片を除いてほぼすべて失われてしまった。手掛かりになるものは、「考古学資料」しかないのだ。

なお、隣国・朝鮮の文献はさらに頼りにならない。『日本書紀』に参考文献として書名の上がっている「百済三書（「百済記」「百済新撰」「百済本記」の総称）」が失われたのは残念なことだが、それ以前には文献はなく、それ以後もない。現存する最古の歴史書は『三国史記』で一一四五年成立であるから、古代史研究にはまったく参考にならない。韓国朝鮮は、むしろ日本の文献によって自分たちの古代事情を学んでいるありさまなのだ。

ところがシナには、はるかに古い歴史書がいくつも存在する。とはいえ一般読者には『三国志』くらいしか馴染みがないと思うので、ここで簡単に紹介しておこう。『史記』に始まる歴代の歴史書を総称して「二十四史」と呼ぶのだが、日本の古代史に関わりが深いものを『史記』から一三書までを列挙しておこう。『隋書』には「倭国伝」が収載されている。

『史記』司馬遷　紀元前九一年

『漢書』班固　八二年頃
『三国志』陳寿　二九〇年
『後漢書』范曄　四三二年
『宋書』沈約　四八八年
『南斉書』蕭子顕　五三七年
『魏書』魏収　五五四年
『梁書』姚思廉　六三六年
『陳書』姚思廉　六三六年
『北斉書』李百薬　六三六年
『周書』令狐徳棻ほか　六三六年
『晋書』房玄齢・李延寿　六四八年
『隋書』長孫無忌　六五六年
（＊書名の後は編纂者名、成立年）

すでに紀元前に『史記』が成立しているというのは驚くべきことで、『古事記』より八〇〇年以上も前である。『漢書』でも八二年頃成立だから、『古事記』より六五〇年近く前である。しかも重要なことは、これらの歴史書のほぼすべてに、日本と関わりのある記事が記されているということである。

ここに挙げたものはシナの正史、すなわち国家によって編纂された歴史書であるが、これ以外にも『論衡』『山海経《せんがいきょう》』『翰苑』などがある。それらもやはり記紀より古く、そして日本（倭人・倭国）についての記述がある。『漢書』および『論衡』は、ともに一世紀に成立した文献であるが、すでにその時代に「倭人」「倭国」との記述が見える。始まりはいつ頃か判然しないが、少なくともこの直前の時代、つまり周王朝（紀元前一〇四六年頃～紀元前二五六年）の時には「倭」と呼ばれていた（あるいは名乗ってもいた）と確認できる。

わが国が「倭」から「日本」へ呼称を代えるのは八世紀のことであるから、おおよそ一千年間は「倭」と呼ばれていたということが、シナの歴史書からよくわかる。ちなみに「倭」という漢字は「小さくてみにくい」という意味を含むもので、朝貢にやってくる周囲の国々に与える「卑字」の一つである。卑弥呼や邪馬臺国と同様の。漢字をよく知らないとはいいながら、古代から中世の日本人がこの漢字をみずから使っていたのはまことに残念なことである。倭人、倭国、倭絵等々の言葉はみずからをおとしめるものでしかないので、決して用いないようにされたい。

さて、古代日本のこれらの記録には、当初から江南地方（呉越地方）とわが国は往来交流があり、長年にわたって特別な関わりがあったことをうかがわせる記事がいくつかある。右に紹介した『史記』の徐福出帆記録は、『古事記』より八〇〇年以上前の紀元前のものであるから、これをもって「日本建国（倭国創始）」とする説も一部にある。

徐福の一団がわが国へやって来るまでにも、各地にそれぞれ小国があって割拠していたが、統一国家はまだなかった。その当時の日本は、国とはいっても今でいう村落のようなもので、国家という概念がないのはもちろんだが、それぞれの地域にあったのは「部落意識」というレベルのものだろう。高度な自治体観念がすでにあったという人もいるが、言語が未発達のところに自治体観念は発生しない。さらに言えば、自治体観念が共有されない状態においては、文化的均質性、つまり一定レベルの文化に達することもないだろう。国家という概念はそこで初めて発生する。わが国がそのレベルに達するのは、まだまだ先のことである。

したがって、もし徐福ら一行の渡来があったとすれば、当時の日本においては革命に等しいものであったに違いない。なにしろ彼らは金属精錬や土木工学の技術者が揃い、木々や農産物、薬草の種子を保有し、陰陽五行説などの思想・哲学、道教・煉丹術などの宗教・呪術を知悉しているのだ（なにしろリーダーが方士の徐福であるのだから）。しかも船団の乗組員は、そのまま精鋭の〝軍人〟である。政治的にも宗教的にも軍事的にも圧倒的な大集団であって、紀元前三世紀から前二世紀当時のわが国の人々が太刀打ちできようとは考えられない。その圧倒的な文化文明の前に拝跪するばかりであったことだろう。――それは、はるか後世の「明治開国」と良く似た現象であったかもしれない。

琅琊台《ろうやだい》から済州島を経て出雲へ

『史記』には徐福は「斉人」と書かれているが、国の興亡は激しく、斉も紀元前二二一年に滅亡している。たまたまその時に斉に居を構えていたという程度のことだろう。この当時の人々は、国で特定するよりも地域で特定されるもので、さらにまた彼の経歴や志向性からも考えなければならないが、おそらくは江南地方の出自であろうと思われる。道教の方士は山岳志向と海浜志向とに大きく分かれるが、徐福が海浜志向であったことは始皇帝との件でじゅうぶんにうかがい知ることができる。

なお、江蘇省の徐阜《じょふ》村が徐福の出身地で、今もなお同族が居住していると一部で報道されたこともあるが、根拠はない。近年の付会《ふかい》であろう。

徐福一行の出航地は、琅琊台が有力である。現在の青島である。真東が鹿児島になるが、大船団で海洋に乗り出すのは様々な意味で危険でもあるので、沿岸を北上したと考えられる。そして朝鮮済州島を経由して、出雲地方へと上陸するルートであろうと推測される。このルートは海流を利用したもので、この航海は紀元前二一九年のことであったと推定されている。

始皇帝はこの年、泰山に上って封禅の儀式をおこなっている。そして東方の各郡県を巡回し、なかでも琅琊台をいたく気に入り、滞留三月に及び、三万戸を琅琊台の麓に移住させたと伝えられる。琅琊台には現在、始皇帝の石像が立っているが、東の海に向かって両手を大きく広げて立つ姿は、さながら徐福の帰還を歓喜をもって出迎えているかのようだ。むろん徐福一行は帰還していないのだが、始皇帝はその後まもなく巡回先で死去している。四十九歳であった。徐福が戻らないことがわかったので、煉丹術を別の方士に命じて、処方された還丹か金丹を服用したのかもしれない。

一方、日本には古くから、ある人物が一党を引き連れて渡来したという伝説が、北は青森から南は鹿児島まで全国各地にある。青森県北津軽郡、秋田県男鹿市、山梨県富士吉田市、愛知県名古屋市、三重県熊野市、和歌山県新宮市、京都府伊根町、佐賀県佐賀市、宮崎県延岡市、鹿児島県坊津町などその数は三十数ヶ所に上る。驚くべき数である。そしてこれらはすべて徐福渡来の伝説と接続されており、もともとすべてが徐福であったのかどうかもわからなくなっている。渡来の人物の屋敷跡や墓所と目される場所などには、それぞれに様々なモニュメントが建てられている。

なお、徐福を祭神として祀る神社は、私の知る限りでは五社に上る。

▼**新井崎《にいざき》神社**　京都府与謝郡伊根町新井松川
【祭神】事代主命　宇賀之御魂命　徐福

▼**徐福ノ宮**　波田須《はだす》神社境内社　三重県熊野市波田須
【祭神】徐福

▼**徐福宮《じょふくのみや》**　阿須賀《あすか》神社境内社　和歌山県新宮市阿須賀
【祭神】徐福

▼**金立《きんりゅう》神社**　佐賀県佐賀市金立町大字金立
【祭神】保食神《うけもち》　罔象女命《みずはのめ》　秦除福　（合祀）天忍穂耳命

新宮市の徐福宮は、阿須賀神社の境内に摂社として設けられている。この地域の地名は阿須賀という。阿須賀地区の北端の河口に面して山があり、それを御神体として鎮座している。

▼阿須賀《あすか》神社　〈通称〉阿須賀さん　和歌山県新宮市阿須賀
【祭神】事解男之命　（配祀）熊野夫須美大神　家都御子大神　熊野速玉大神　（合祀）黄泉道守命　建角美命

そもそも「アスカ」という呼び名の語源は、清浄な地を意味する「スガ」に接頭語の「ア」が付いたものだ。だから明日香や阿須賀など様々な表記のアスカが全国各地にあるが、アスカはヤマト言葉であるから、用いられている漢字はすべて後世の当て字である。その地域の清浄神聖な場所がアスカと呼ばれていたのであって、だからアスカには神社が建てられている例が少なくない。なかでも大和国（奈良県）の明日香（飛鳥）は特別で、ここには古代の宮都（皇居・首都）が営まれて、百年余にわたって統一国家ヤマトの中心地であった。この時代を「飛鳥時代」という。

ちなみにアスカというヤマト音に「明日香」という漢字を当てたのが最も古く、その後奈良時代に「地名は好字二字」とするように通達がなされて「飛鳥」に代えたものだ（いわゆる「好字令」）。言うまでもないが飛鳥は音読みでは「ひちょう」、訓読みでは「とぶとり」であって、「あすか」とは読まない。大和を「やまと」と読ませるのと同じで、日本固有の語彙、すなわち和語である。明日香の枕詞が「飛ぶ鳥」であったことから選ばれたものだ。出雲の須賀という地名が、聖地「スガ」の原点であろう。

熊野の阿須賀神社はきわめて古く、発掘調査でも明らかになっているが、弥生式土器の祭器も出土しているところから、この地では、すでにその時代から神社以前の祭祀がおこなわれていたのだと考えられている。

ＪＲの新宮駅を出ると、すぐ近くの裏道に面して徐福公園の極彩色の楼門がある。ここに徐福の墓と伝えられる墓石があって、かつてはそれを囲んで七人の臣下の墓石が北斗七星の形に並んでいたという。この楼門は、以前は次頁写真のように「徐福廟」と掲げられていたが、戦後すぐの地震で倒壊して、近年改修整備されて徐福記念公園になった。財団法人新宮徐福協会が管理している。ここから阿須賀神社までは十分もかからない。

熊野川の河口に突き出るように小山があって、それが蓬萊山である。阿須賀神社はこの蓬萊山そのものを御神体としてその南麓に鎮座している。蓬萊山は、標高四八メートル、直径一〇〇メートルほどの単独丘だ。全国に数ある〝蓬萊山〟の中では小さいほうかもしれない。なにしろ最大は富士山で、他にも徐福伝説のある土地には必ずと言ってよいほど蓬萊山はあるが、そのすべては自然の山岳をそう呼んでいるからだ。しかし新宮の蓬萊山は河口の平地にお椀を伏せたような形で、きわめて人工的なたたずまいだ。もしもこれが古墳であるなら、紀元前に造られたことになる。

伝承では、熊野大神《くまののおおかみ》は、まず神倉山に降臨し、そして阿須賀の蓬莱山に遷った。その後、大神のうちの家都御子《けつみこ》大神は熊野川上流の本宮に遷って鎮座し、速玉《はやたま》大神は西側の現社地に鎮座したのだという。阿須賀神社が熊野発祥の地と言われる由縁である。

社伝によれば創建は紀元前四二三年となっているが、それが事実かどうかはともかくとしても、

◀新宮市にあった徐福廟（現在は記念公園になっている）

「秦ノ徐福来朝ス」（『西国三十三ヶ所名所図会』）▼

本宮大社および速玉大社より先に鎮座していたことは確かだろう。熊野三社における祭神の配祀の位置や、各社の祭祀の方法・関係等によって元宮であると解釈できる。また、長い歳月の中でこの伝承は保持されてきて、三社からとくに否定されることもなかったのは事実であることの証であろう。

蓬萊山は典型的な神奈備《かんなび》である。しかも吉野川の河口にあって、川が氾濫しても、あるいは高潮や津波があっても蓬萊山のみは泰然としていたことだろう。その姿に古代の人々は神の依り坐《ま》しを信じたに違いない。

なお、この阿須賀の地に、徐福が上陸したとの伝説があって、社殿は徐福の居住した場所に建てられたものと伝えられているが、ここを拠点に土着の人々に農耕や捕鯨、造船や製紙などの技術を伝えたのだという。熊野信仰の始まりが蓬萊山・阿須賀神社であることと、徐福伝説とは深い関係がありそうだ。しかも紀伊和歌山は、丹（辰砂）の産地として、日本国内で最も規模の大きな土地とされている。

新宮には徐福の墓と伝えられる場所は他にもあるが、むしろ蓬萊山が徐福の墳墓であっても不思議ではない。徐福は「平原広沢の地」を得て、その王となったと『史記』にあるが、それはこの熊野川河口域であったという考えかたもできるだろう。

始皇帝の霊廟

通称「兵馬俑坑《へいばようこう》」、このとてつもない遺跡が発見されたのは現代になってからの、一九七四年のことである。日本でも東京国立博物館などで何度も展覧会が開催されており、テレビ番組やあらゆるマスメディアにも繰り返し取り上げられているので読者も皆、既知と思うが、厳密には「秦《しん》始皇帝陵兵馬俑坑《しこうていりようへいばようこう》」と呼称する、きわめて大規模なものである（兵馬俑そのものは他の皇帝等の陵墓にも埋設されている兵士と軍馬をかたどった塑像や陶像のこと）。

始皇帝陵（驪山陵《りざん》）の存在は、『史記』を始めとする古代シナの歴史書に記されている。とりわけ『史記』は、司馬遷によって紀元前九二～八九年に完成された最初の歴史書で、二十四史の第一に当たる。始皇帝の死から百年余の後の完成であるから、記述内容についての信憑性は高いとされる。

始まりは陝西省《せんせいしょう》の普通の農地において農民が井戸を掘っていて偶然兵士像の破片を発見したもので、発掘作業を進めるに従ってその規模の広大さが判明してきたが、実に八〇〇〇体もの等身大兵馬俑が整然と並べられており、そのほかにも高名な役人や曲芸師、動物、馬車などが副葬されていた。これら兵馬俑の質量から考えて、本体の霊廟は私たちの想像をはるかに超えるものであるだろう。

ところが、発見以来約五十年経つにもかかわらず、驪山陵本体の霊廟発掘はまったく手つかずのままである。なにしろ二千年以上外気に触れることなく地底に眠り続けてきた遺跡なので、迂闊に曝露すれば墓そのものを破壊して歴史的情報が喪失してしまう可能性もある。かつてシュリーマンがトロイの遺跡を発掘した際に、関わった全員が考古学調査に無知であったことから、遺跡としての様態を破壊し尽くしてしまった。そのため、トロイア戦争の考古学的検証が困難になってしまった。

これを避けるには、非破壊検査の最新技術で可能な限り内部の様子を調査して、実査は計画的にかつ慎重におこなわなければならないだろう。

そして実は、他にも迂闊に霊廟を発掘できない理由があった。『史記』の「秦始皇本紀」第六に次のような記述がある。

【書き下し文】

「（起源前二一〇年）九月、始皇を驪山《りざん》に葬る。始皇初めて位に即くや、驪山を穿ち治む。天下を幷《あわ》すに及びて、天下の徒の送詣するもの七十余万人。三たび泉の下を穿ち、銅して椁《かく》を致す。宮観百官、奇器珍怪、蔵に徙《うつ》して之に満たす。匠をして機弩矢《きどし》を作らしめ、穿ち近づく所の者有らば、輒《すなわ》ち之を射る。水銀を以て百川江河大海を為り、機もて相い灌輸す。上は天文を具え、下は地理を具う。人魚の膏《あぶら》を以て燭と為す。滅《き》えざる者、之を久しうするを度《はか》ればなり。

二世曰く、先帝の後宮にして、子有るに非ざる者は、焉《ここに》出だすは宜しからず。皆死に従わしむ。死する者甚だ衆《おお》し。葬既に已《すで》に下るや、或る人言う、工匠、機を為《つく》り、蔵皆之を知る。蔵は重し、即《も》し泄《も》れなば、大事畢《おわ》らん、と。已に蔵して中羨を閉ずるや、外羨門を下ろし、ことごとく工匠の蔵せる者を閉ず。復た出ずる者無し。草木を樹え以て山に象《かたど》る。二世皇帝元年、年二十一。」

【訳文】

「（起源前二一〇年）九月、始皇を驪山に葬った。始皇は初めて位に就いた時、驪山をくりぬき、天下を統一するに及んで、天下の徒罪の者七十余万人を労役し、三つの泉を掘らせて、銅に

八〇〇〇体もの等身大兵士像が整列する秦始皇帝陵兵馬俑坑

よって周囲をふさぎ、惇棺《ひつぎ》（外棺）を入れた。百官の像を並ばせ、珍稀の宝物を宮中からうつして充満させて、工匠に機弩矢を作らせ、陵に穴を開けて近づく者があれば、ただちに射殺するようにした。さらに水銀で百の河川、揚子江や黄河、大海を模したものをつくり、機械作動で水銀を流し続けるようにしつらえた。上は天文を具え、下は地理を具え、人魚（不詳。長さ一尺で足が四本あり、皮は鮫より堅く、頭上に鋸のような角がある。）の膏をもって燭とし、永く消えないようにした。

二世皇帝は、後宮の美女で、子のない者を宮殿から出すのはよろしくない、といい、みな殉死させた。死んだ者の数は非常に多かった。棺を埋めて、吊るし門を下ろして葬儀を終えると、ある者が言った。工匠は、機械をつくったのでみな埋蔵されたものを知っている。埋蔵品は貴重なもので、外部に洩れたら大事になると。そこで冢《ちょう》に通じる神道（祭事用の通路）をふさぎ、ついで外門をも下ろし、従事した工匠をことごとく閉じ込めた。これによって出られた者はなかった。冢の上には草木を植えて山のようにみせかけた。二世皇帝の元年、皇帝は二十一歳であった。」

（＊書き下し、訳文、傍線とも著者による。）

とくに傍線のくだりについては兵馬俑坑が発見されるはるか昔から広く知られていたことで、『史記』が完成してからおおよそ二〇〇〇年もの間には多くの文書にも転載あるいは引用されて、すでに人口に膾炙していた。

つまり、侵入者を自動的に射殺する機械式の石弓が設置されており、さらに棺を収めた宮殿は猛毒の水銀の海に囲まれているのだ。たとえ石弓が作動しなくとも、侵入者が水銀の海に落ちたなら現代であってもまず助けることはできないだろう（＊実際に陵墓周辺の土壌調査をおこなったところ、かなり高い水銀濃度を検知したという。当時は水銀の化学的性質が十分に把握されていなかったことから、水銀との融和性のない材質で堀を造った可能性は高くないと思われ、そのため周囲の土中に多かれ少なかれ漏れ出していたと考えられる）。

始皇帝の棺と、数多《あまた》の宝物を守るために少なくともそれだけの装置が備えられており、おそらく他にも伝えられていない防御装置すなわち罠が仕掛けられていてもなんら不思議ではないだろう。そしてそれこそが霊廟本体を今に至るまで発掘を踏みとどまらせている理由である。これまで一度も開封されていないので、おそらく霊廟内部は丹朱で鮮やかに彩られていることと想像されるが、色彩は非破壊検査でも判明しないので、こればかりは最終段階で開封されるのを待つばかりである。

日本に渡来した煉丹術

外丹は、漢土では早くに廃れたようだが（内丹は現在も「気功」など一部で根強い支持を受けている）、辰砂の採掘および活用法は、その後むしろ日本で定着し広まった。

『魏志』の「倭人伝」には、

「其山有丹（その山に丹有り）」

「以朱丹塗其身體（朱丹を以《もっ》てその身体を塗る）」

とはすでに述べたが、さらに、

『後漢書』の「倭伝」には、

「以丹朱坋身（丹朱を以《もっ》て身を坋《ふん》す）」

とある。すでに魏や漢の時代までには、倭国には丹が産出し、倭人は丹朱で身体を塗っていたと認識されているのである。「魏志倭人伝」ですっかり有名になった倭人についての形容である「黥面文身《げいめんぶんしん》（顔の刺青と身体の刺青）」という記録と合わせて考えると、古代の日本人は全身に刺青をしていて、さらに全身赤く塗っていたか、刺青の色彩として「丹朱」を多様していたということになる。異様な風体である。

しかしおそらく、それはすべての倭人ではなく、祭祀や戦闘に関わるごく一部の特別な人たちであったことだろう。なにしろ丹朱は当時もその後も貴重品であって、むやみに一般人が消費できるとは考えられないからである。また、魏や漢の使節が出会った倭人も、大半は特別な地位にある倭人たちだったはずだからである。

以後、日本では、「水銀」としては黄金の精製のために、「朱」としては祭祀をはじめとする聖性を表現するために大いに重用されたようだ。『続日本紀《しょくにほんぎ》』の記録が文献的には最初の記録である。

「文武天皇二年（六九八）九月二十八日、
近江国に金青《こんじょう》を献ぜしむ。

伊勢国に朱沙・雄黄《ゆうおう》。
常陸・備前・伊予・日向の四つの国に朱沙。
安芸・長門の二つの国に金青・緑青。
豊後国に真朱《まそほ》。」

朱沙も真朱も辰砂のことで、品質の違いによるもののようだ。これらの表現からも、すでにかなり以前から「朱」を始めとする顔料を朝廷は各国に献上させていたということが判然する。とくに朱沙は縄文時代から露頭しているものを採取し、磨り潰して様々なものに塗布していたようである。市毛勲氏は日本で古くから採用されていた手法を「辰砂と水銀の採掘」の論考で紹介している。

> 伊勢丹生に散在する辰砂採掘坑道は、径六〇―七〇センチで、斜めに地下へもぐってゆく。それは人一人が腹ばいになってもぐれる程度の大きさで、鉱脈を追うため約二メートルごとに曲り、曲り角は一人が座れるくらいに広げる。徳島県阿南市水井に点在する坑道も同種で、古代。中世の辰砂採掘坑はアリ穴に似ているといえよう。採掘の道具として金山槌二種があげられる。伊勢丹生神社に奉納された鉄製「金山槌」二種には、「正保二年（一六四五）八月吉日」や丹生の鍛冶の名がきざまれている。（中略）
>
> 銘にある正保の頃は丹生の水銀が産出しなくなった時期で、丹生の人々は「丹生明神（丹生

都姫)」に対して水銀の産出を祈願し、金山槌・金山籠・金山桶を奉納した。正保の金山槌は現存する坑道の実態から推して、古代・中世のものの形態をよく伝えていると思われる。
金山槌Aはやわらかく破砕している岩石を掘り崩すのに利用し、大きなかたい岩石に当ったときは金山槌Bでたたき割り、掘り進んだものであろう。そして、崩れた辰砂や岩石は金山籠や金山桶に入れて坑外に搬出したと思われる。竹であんだ「金山籠」と曲物の「金山桶」は丹生神社の神宝として保存されているが、これは遷宮のたびに作り変えることになっていたという。(中略)
選鉱は入口付近で行なわれていたと思われる。大きな辰砂を含んだ岩石はここで再びたたかれて辰砂塊となり、水銀製錬所または製粉所まで運ばれた。このときの運搬に伊勢丹生神宮寺(現丹生大師)の木製「汞砂器《こうさき》(辰砂入れの壺)」が利用されたと思われる。神宮寺蔵「汞砂器」には七分目位辰砂が入っており、その粒子は大きいもので小砂利、多くは砂状である。
(『増補　朱の考古学』より)

東国においては、この丹採掘の権限を朝廷の支配下におくために、繰り返し「東征」がおこなわれたのではないかと、私は考えている。たとえば最初の東征であるヤマトタケル伝説は、奥武蔵の丹の埋蔵地と重なっている。東征=丹の支配、銅の支配と考えると、ヤマトタケルの名で、つまりヤマト朝廷の名義で東征がおこなわれたことに大義が立つ。そう考えれば、東征の目的がより具体的に浮かび上がってくる。外丹はヤマト朝廷において大いに利活用されたようだ。それ

ヤマトタケルがカワカミタケルを討つ場面／『古今英雄鑑』

にともなって関東も発展した。

上の絵は明治期に刊行された『古今英雄鑑』という歴史教育の副本に掲載されていたものであるが、この絵において最も目を引くのは、ヤマトタケルが身につけている「緋色の袴」である。熊襲征伐の装束は、伊勢の斎宮であった叔母のヤマトヒメから彼女の「御《み》衣《そ》御《み》裳《も》」を給わったものである。

この当時の時代を勘案すれば当然のことであるが、色彩豊かな衣類というものはほとんどない。だからこそ「緋色の袴」はひときわ目立っていたことであろう。緋色の袴を着けて巫女の格好をしたオウスノミコトが、カワカミタケルを今まさに討たんとしているところである。単に女装していたというのではなく、それが巫女の格好であったというところに明治の人の知恵がありそうである。古来、神に仕える巫女と、宮中で天皇に仕える女官は紅花で染色した「緋袴《ひばかま》」が制服である（平安中期以降は天皇は緋色の指貫《さしぬき》、皇后以下すべての女性皇族および女官は緋袴となった）。

相手を油断させておいて打ちかかるというスタイルは、もっぱらオウスノミコトの常套手段であるが、これを明治期の教育手本とするには弁解弁護が必要になる。このような方法は「卑怯なやりかた」であると、誰も指摘しなかったはずはないのであって、それでもことが皇室の英雄の事績であるので、あえて美化正当化するために必要以上に相手を貶めたのかもしれなくて、そのような解説は教師にまかされたとも考えられる。しかし今際の際のカワカミタケルにオウスノミコトを賞賛させて、「タケル」の名を進呈させているのだから、なお一層不可解である。

ただ、もしこの時に、カワカミタケルが神経性の麻痺状態にあったとすれば、あるいはありえない話ではないだろう。煉丹術は、錬金術もそうであったように、化学的な成果を数多く挙げている。不老不死の妙薬はついに創れなかったが、その過程において各種の化学的薬物を生み出している。そして古代においては薬物は、呪術の具となったのだ。

ちなみにわが国では、縄文時代から野生の大麻《たいま》が活用されていた。とくに古神道では祭りに大麻はつきもので、いわゆる「麻酔い《あさよ》」と称して、神降ろしや神掛かりに使われ、集団を精神的に支配するためにも使われた。オウスがカワカミタケルの酒宴に大麻を用いたかは不明であるが、なんらかの薬物を用いた可能性はあるだろう。

日本（ヤマト）における丹の採掘は一時期盛んであったが、やがて資源の枯渇によって変貌し、実態はよくわからなくなっている。ただ、どうやらその入り口は丹生都比売《にうつひめ》信仰にあるようだ。紀伊地方以外ではあまり馴染みのない神名であるが、きわめて古くから信仰されている神であって、おそらくは関東の武蔵・上野《こうずけ》あたりにおいてもそうだろう。しかし丹生都比売命は『古事記』にも『日本書紀』にも登場しない。つまり、ヤマトの神ではないということである。記紀以前に、異質な文化が存在したことの証左の一つかもしれない。

かつて「丹生《にう》神社」であった少なからぬものが、なぜ社名変更されているのか解明されるとすれば、古代史の闇のある部分が明るみに晒されることになるだろう。そこには、「丹（辰砂・朱）」という資産と、それを活用する渡来の知識や技術が関わっているはずである。紀伊の丹生都比売神社や丹生川上神社、また武蔵・秩父の金鑚《かなさな》神社（元・金砂《かなすな》神社）や、両神《りようかみ》神社（元・丹生神社）は、その重要な手がかりの一つである。

本書ではとくに、武蔵・秩父地方について触れるが、「丹」にまつわる歴史は、もっとはるかに広く深い。紀伊の「丹」も、武蔵の「丹」も、おそらくは渡来の一族が見出したものであり、その利用活用も彼らの技術が大前提であったのだと思わざるを得ない。「丹」は、近代以降はほとんどが代用品でまかなわれるようになったが、かつては政治的にも文化的にもきわめて重要な存在であったのだ（＊詳細は次章）。

このような外丹の利活用に対して、仙人となるための修行ともいうべき内丹は、日本には馴染まなかったと思われている。

しかし実は、天皇家の一部において実践継承されてきている。ある種の「呪術」として、神に仕える女性皇族、すなわち皇室の巫女として天皇および皇子たちの庇護となすべく修練されていたと、私は考えている。その証左のいくつかは記・紀の中にすでに記されている。とくに注目すべきは、やはりオオクニヌシの蘇生譚であろう。若き日のオオクニヌシは、兄神たちの企みによって三度殺されて、母の助けで三度とも生き返っている。

神道には、「蘇生」という呪術はない。呪詛や呪殺はあるのだが、蘇生という呪術は存在しない。にもかかわらず、記紀神話のかなり初期の段階ですでに「蘇生術」が実践されている。私は、ヤマトタケルの不可解な死の秘密も、この辺りにあるのではないかと考えている。

耶馬臺国の蓬萊山は「丹山」か

日本列島は北から南まで、急峻な山々がひたすら連なる土地であって、地理地学的には「海中に突き出した山頂部」といえる様相を呈している。大陸プレートの褶曲によって盛り上がった山もあれば、海底火山が噴火して盛り上がった山もあるが、山また山と重なり合うことで成り立っている特異な島国である。

そのような土地であるから、古来この地に暮らす人々にとって「山」はあって当たり前の風景で、その中になお際立った山容の峰があれば、それこそはまさに特別であるだろう。そしてそれは、神聖であるとともに脅威でもあったことだろう。その山が噴煙を上げているならば、なおさらである。

縄文の昔から（もっと昔からかもしれないが）、「山」は信仰の対象である。祭りの時には、神は山から下りてくるし、祭りが終わればまた山に帰ると信じられていた。そういった信仰心（畏怖や感謝）の表れは「講社」や「修験」などにも引き継がれて、全国各地の名だたる山が連綿と崇敬され続けて来た。とりわけ「日本三大霊山」といえば、富士山、白山、立山が知られているが、中でも富士山はさらに特別である。すなわち、富士山は「日本一の神奈備《かんなび》（信仰の山）」である。

神奈備信仰（山岳信仰）というのは、基本的にその山容を望むことができる（少なくとも山頂を見ることができる）地域《エリア》に発生定着するものであるから、日本一の高峰であり、しかも三百六十度展望が開けている単独峰の富士山の信仰圏が最大であるのは当然のことだろう。

ちなみに伊勢の二見ヶ浦からも富士山は肉眼で見える。ということはきっと、伊勢は元々は富士山信仰だったのかもしれない。古代の信仰というのは、えてしてそういうもので、なにしろ伊勢に神宮が創建されるより一万年以上も昔からこの光景は伊勢の人々に親しまれていたはずで、神宮を見おろす朝熊山《あさまやま》が、「あさまやま」と呼ばれたのは、それが富士山の古名であることから考えてもそれなりに古い由緒がありそうだ。しかも、その由緒は、いうまでもなく皇大神宮の創建よりはるかに古いものである。

秀麗な富士山の評判は古来全国に鳴り響いていて、富士山がまったく見えない地域にまで富士信仰が発生するほどであった。その証左として、北は青森・山形から、西は長崎・大分まで、富士神社が創建された（現在も信仰されている）。

そしてその評判は、どうやら海を越えて朝鮮半島はもちろんのこと、大陸にも広く深く伝わっていたようで、その手掛かりは「神仙思想」に見ることができる。

紀元前三世紀の周王朝・戦国時代の頃に発生したとされる「神仙思想」は、その後の歴代皇帝にも大きな影響を与えていて、とりわけ海の彼方の理想郷については、いくつかの「説」が唱えられ、信じられていた。

司馬遷の『史記』（紀元前九一年頃成立）に、神仙思想が紹介されているが、それによると、シナ大陸の東の海の彼方、つまり「東海」の彼方に「三神山」があるとしている。三神山とは、蓬萊《ほうらい》山・瀛州《えいしゅう》山・方丈《ほうじょう》山（方壺《ほうこ》山）と呼ばれている。いずれも壺の形をしているので「三壺山」ともいわれていた。壺山とは、火口の大きな火山のことであろう。ちなみに当時の富士山は活火山であるから、山頂の火口からは常に噴煙が立ち上っていたはずである。

そしてそれらの神山には「不老不死の霊薬」があり、仙人が住んでいるとされた。この霊薬こそは「仙丹」のことであろう。『竹取物語』の最後のシーンでは、かぐや姫の代わりとして受け取った不老不死の霊薬を富士の山頂で燃やし、その煙がいつまでも立ち上っていたと書かれている。つまり、煙が永遠に立ち上り続けた、ということで、不老不死を象徴的に表現したものであろう。しかしこの描写は単なる空想ではなく、古い伝承や憧憬などが、さしずめ日本風に昇華されたもので、活火山であった富士山山頂からは、絶え間なく噴煙を立ち上らせていたはずなので、ここから富士山を蓬萊山とする発想も生まれたことだろう。拙著『古事記はなぜ富士を記さなかったのか』（河出書房新社）において、秦使は始皇帝の指示により、「不老不死の霊薬」を求めて富士にやって来たと記したが、その「霊薬」こそは「丹薬」であろう。秦の時代に徐福が探し求めていたものである。

『史記』の「封禅書」や『列子』の「湯問篇」等には、三神山は壮麗な御殿のある仙郷として記されている。山内の鳥獣はすべて純白であって、仙人の住まう宮殿は黄金で造られているという。三神山は遠くからは雲の塊のように見え、近づいて見れば海中にあるのに、俗人は風にさえぎられて近づくことはできないという。シナ大陸の東海岸では、ごくまれに「蜃気楼《しんきろう》」を見ることができる（現在でも見ることができる）。水平線に上下逆さに浮かび上がる街や山の姿である。実体は、日本の九州・沖縄のどこかであろうが、蜃気楼とはそういうものだ。そこで、その蜃気楼に触発された幻想が、東海の三神山という神仙郷構想になったのではないかとも考えられている。

そしてその三神山の中でも、第一とされたのが蓬萊山である。西に地上（人間）の崑崙山《こんろんさん》、東に異界（仙人）の蓬萊山という位置付けである。人間として頂点をきわめる者は崑崙山において封禅《ほうぜん》をおこなって皇帝となり、不老不死の仙人となる者は蓬萊山において封禅をおこなうというものである。だから地上において天子となった者は、最後に蓬萊山をめざした。

しかしもちろん、蓬萊山で封禅した者は皆無である。それでも、もしそれが叶うなら、その者は「真人（しんじん・まひと）」と呼ばれると、道教や荘子で唱えている。ちなみに、わが国でとくに神仙思想に精通していたとされる天武天皇は、和風諡号《しごう》を天渟中原瀛真人天皇《あめのぬなはらおきのまひとすめらみこと》という。つまり「瀛州山の真人」である。

関東平野の地下にもポンペイ・レッドか

富士山の信仰拠点は、他の神奈備と同様に山麓を中心に発現しており、現在、浅間《せんげん》神社や富士神社が鎮座している場所が、おおむねそれに当たる。といっても、北側にも南側にも浅間神社はいくつもあって、その中でも第一は富士宮市の富士山本宮浅間大社《ふじさんほんぐうせんげんたいしゃ》と、その元宮《もとみや》である山宮《やまみや》である。富士山山頂には本宮《ほんぐう》の奥宮《おくみや》があり、富士山の八合目より上は本宮の境内地（私有地）である。

この富士宮市には、現代においてもなお多くの宗教団体が本部を置いており、市を一度でも訪れてみれば即座にわかることだが、決して大きな都市ではない。古来、多くの人がこの地を経由して富士山登拝をおこなってきたにもかかわらず、社会的にも経済的にも特別発展することはなく、どこまでも「信仰の町」であった。信仰の拠点、神奈備の街、門前町とはそういうものである。つまりここも出雲や伊勢と同じように、聖地ではあるけれども、俗地ではないということである。徐福一行がようやく到達した〝蓬萊山〟山麓の富士宮も同様で、ここには「繁栄した国家」の痕跡はなく、かつても今後もそういう場所になるような土地ではない。出雲や伊勢がそうであったように、富士宮で祭祀をおこなっていた〝国〟の実体は、富士宮ではなく別の場所にあったはずである。

さて、それではその〝国〟とはどこなのか。富士山を信仰の中核とする〝国〟は、富士山が日本一の神奈備であるならば、それにふさわしい大国でなければならないはずで、当然ながら経済的にも大いに繁栄していたことだろう。そして、そこには君臨する〝王〟がいたはずである。古代の王というものは、とりわけ「建国の王」ともなれば、宗教と軍事と経済のすべてを総合的に統括する能力がなければ務まらない。たとえば秦の始皇帝がそうであったように、一代の英雄と呼ぶにふさわしい能力を備えているものであろう。

日本の古代——就中《なかんずく》、関東の古代にも、そのような人物がいたはずであって、つまり古代においても関東はただの荒野ではなかったはずである。

ところがその辺りについての「公式記録」がないばかりか、不可解なことにその時代の関東は（それ以前も）、記録そのものがない〝空白の時代〟なのだ。

しかし、ここに多くの人が暮らし、なんらかの経済活動がおこなわれていた「大きな国」が存在繁栄していたことは確かであって、もともと関東地方には縄文時代の早い時期から多くの人々が暮らしていたことは、関東各地に無数に残る「貝塚」によって明らかになっている。縄文時代の貝塚は日本列島全体で約二五〇〇ヶ所発見されているのだが、その四分の一は東京湾岸一帯に集中している。そして彼らの子孫も代々この地に暮らしていたであろうことは間違いないだろう。弥生時代に入ると、突然のように巨大古墳が関東各地に築造されるようになり、日本屈指の規模であるさきたま古墳群は特に有名で、その中の一つである稲荷山古墳から出土した「鉄剣」は、一一五文字に及ぶ金象嵌の銘文が発見されたことで歴史的大ニュースにもなった。

これだけの遺跡が集中しているのであるから、ここに〝大きな国〟があったことは明らかであろう。

ところが、どんな国があったのか、誰が王だったのか、実はまったくわかっていないのだ。

どんな国があったか、誰が王だったかがわからないのであれば、そこになぜ〝大きな国〟が建国されたのか、また維持され、かつ繁栄したのか、その理由がわかれば少なくとも国家と王の存在の〝逆証明〟にはなるだろう。

方士が能《よ》くした方術（風水術の原型・天文地理）とは、本来「都」を定める技術であって、都にふさわしい土地を探し出し、長く栄える都を設計・建設する技術である。すなわち、もし富士山を蓬萊山であるとするならば、方術の技法によって都の位置はおのずから定まることになるだろう。蓬萊山を目指してここに到達した人物が都を構えたとするならば、当然ながら富士山に守られる場所に国の中心を据えるだろう。

そしてその地こそは『史記』に記録されている通りの、「平原広沢の地」――つまり、平野と湿地であるはずなのだ。そこにはかつて〝王宮〟が置かれ、後には初代の〝王〟であった者が子々孫々の守護神として祀られているはずなのだ。

もし関東に古代都市があったならば、その遺跡は、関東ローム層の下に眠っているのかもしれず、いつか、かの「ポンペイ遺跡」のように発掘されるかもしれない。しかもそうなれば、いわゆる「ポンペイ・レッド（鉛丹）」の痕跡も当然あちこちに見いだされることだろう。なにしろ武蔵国・埼玉県はかつて多くの丹生神社が祀られており、それを氏神としていた丹党なる武士団も北西部全域を支配していたのだ。

ここで、奈良～平安時代の密教僧・空海に登場願おう。空海の足跡が示すものは、武蔵における「丹（辰砂・鉛丹）」の所在である。この地域では中央構造線の露頭はさほど珍しいものではなく、児玉郡から秩父郡にかけて少なからず見ることができる。空海は唐への二年間の留学で多くの新知識を得て帰国したが、中でもとりわけ重要視していたのが「煉丹術」についての知見であった。水銀朱が宝玉にも等しいものであり、始皇帝の秦国以来、歴代の皇帝は「丹」に執心していることは思いもかけぬことであった。しかも、彼の地で『史記』他の歴史書において、日本は「丹」の産出国であるとすでに邪馬臺国・卑弥呼の時代に認定されているのだ。

当初予定では空海の留学は二十年間であったが、彼は、滞在費が尽きたとの理由で、急遽二年で切り上げて帰国することにした。

空海は四国讃岐の生まれ（七七四年）であるから、四国の数ヶ所において丹採掘がおこなわれており、精錬されて産生した水銀と朱は、すべて朝廷へ運ばれていたことも知っていたろうが、ただ、それほどまでに貴重なものであるとは知らなかったことだろう。

しかしこればかりは発掘しない限り、まったくわからない。

ちなみに、関東ローム層とは、関東平野に積もっている火山灰の総称である。関東地方の西南縁には富士山・箱根山・愛鷹《あしたか》山などの火山があり、また西北縁には浅間山・榛名《はるな》山・赤城山・男体山などの火山がある。これらの火山はこれまでにたびたび噴火を繰り返しており、とりわけ大規模な噴火では大量の火山灰が関東平野に降りそそぎ堆積している。関東平野はそれらの火山灰でできているとさえ言えるほどで、往古の昔から、私たちの祖先は積もり積もった火山灰の上に住居を設けたはずで、彼らの多くの生活遺跡が火山灰の下に埋もれているのだ。

なお、「関東ローム層」という呼称は一八八一年にダーフィト・ブラウンスが〝成因不明〟のままに命名したもので、その後、少なからぬ人たちによって研究されているが、成り立ちは複雑で、また広範囲であり、すでにその上に街が形成されているため、実態の解明にはほど遠い状況である。

しかしこの関東ローム層の下のどこかに、古代都市が埋もれている可能性はきわめて高いと言えるだろう。都内では地下鉄の掘削工事や再開発の度に、地下から住居遺跡が発掘されている。したがってその真相の発見には、大規模な再開発がおこなわれて、古代都市遺跡が偶然発見されるまで待たなければならないかもしれない。

また、もしそこが神社（あるいは寺院や墓地とされてしまった神社跡）であるならば、たとえ再開発であっても「触れることのできない領域」であろう。しかし実は、古来「不可蝕領域《アンタッチャブル》」であればこそ、無傷で保管されている可能性さえあるので大いに希望が持てるとも言える。現在のところ何らかの他の方法でアプローチするしかないのだが、その一つに私が挙げたいのは「王の祭祀」である。

不老不死を目指した「王の祭祀」

ちまたに数多《あまた》流布している古代史研究の大半は、実は「祭祀」についての知識見識がほとんどないままにおこなわれている。そのため、最も肝心な部分がすっぽり抜け落ちているということで、これでは研究としても論考としても不完全たらざるを得ない。中世や近世であってさえ「祭祀」は政治と密接であって、これを除外して語るわけにはいかないのだが、とりわけ古代においては祭祀と政治は一体のもので、「まつりごと」のひとことで、両者を同一に扱っている。

たとえば日本では古来、天皇に即位するには「大嘗祭《だいじょうさい》」という一世一度の祭祀がおこなわれる。同様に、かつてのシナでは皇帝に即位するには「封禅《ほうぜん》」という一世一度の祭祀がおこなわれた。また、天皇に即位してよりは、毎年「新嘗祭《にいなめさい》」がおこなわれるが、これも同様に、シナでは皇帝に即位してよりは毎年「郊祠《こうし》」がおこなわれた。

そしてこれらの最重要祭祀は、一定の法則に基づいて決められた場所でおこなわれている。したがって〝祭祀遺跡〟を探索することで、政体そのものにアプローチすることも可能となるはずである。

もし何者かが関東のどこかに王宮を構えていたとすれば、シナ流の即位祭祀である封禅と郊祠をおこなっていたと考えられる。そして、それをおこなった法則に従って逆に辿っていけば、関東王宮の手掛かりが見出せるかもしれない。

秦の始皇帝や日本の天皇の事例を見てみよう。天皇即位にあたって必要な手続きは、第四十代・天武天皇によって定められたもので、すなわち践祚大嘗祭《せんそだいじょうさい》をおこない、三種の神器を継承することで正しく天皇となるもので、これは現在まで継承されている最重要の宮中祭祀・国家祭祀である。

ちなみに第五十代・桓武天皇は、これをそのままおこなうだけではなく、わが国ではきわめて稀なある特別な祭祀をもおこなった記録がある。それが「郊祀」である。先に述べたように、郊祀とは、秦始皇帝に始まる最上位の皇帝祭祀で、文字通り都の郊外でおこなうもので、いわば封禅の例祭版である（大嘗祭に対する新嘗祭と同様）。

封禅は「皇帝（始皇帝が「天子《てんし》」に代わるものとして創始した尊号）」となるための一世一度の祭祀であって、これは道教の神山（祖山）である泰山《たいざん》まではるばる出向き、山頂及び山麓において皇帝一人でおこなうものである。

「封《ほう》」は、泰山山頂に壇を造り天を祀り、「禅《ぜん》」は泰山の麓で地を祀るもので、合わせて「封禅」と称する。これによって「天命」を受けて「天子」となるものである（始皇帝以降は呼び名は「皇帝」となるが、実質的には同じもの)。

郊祀はこれを受け継ぎ、都の南の郊外に天を祀り(天壇《てんだん》)、北の郊外に地を祀り(社稷《しゃしょく》)、しかるべき施設に祖先を祀る(宗廟《そうびょう》となす)ものとしたものである。

天壇は冬至の日に祀り、地壇は夏至の日に祀った。

詳細を記した記録がないためそれぞれの次第は不明であるが、とくに南郊祭祀が尊ばれ、後にはこれを指して郊祀というようになったとされている。今も北京に残る天壇は、明・清時代に実際に使われたもので、郊祀を公開の場でおこない、天子として君臨する根拠を広く示すことを一つの目的ともしていたようである。現在の日本では大嘗祭をテレビ放映しているので(一部であるが)、それが国民への告知となっているが、元々は宮中のみで秘しておこなわれていたもので、国民性の違いなのか、この点は彼我ではだいぶ異なるようだ。

わが国では、天壇に天神を祀り、地壇に地祇を祀り、宗廟に皇祖・祖神を祀った。

ちなみに郊祀は、桓武天皇が二度おこない、文徳天皇が一度おこなっているが、他に公式の記録はないので、おそらく大嘗祭・新嘗祭に収斂されていったものと思われる。

なお、桓武天皇が郊祀をおこなった場所には注目しておく必要があるだろう。北河内の交野《かたの》(現在の大阪府交野市)で、平安京の南南西の方角にあたる。桓武天皇は「郊祀」のために二回行幸しているが、延暦四年十一月、延暦六年十一月、ともに「冬至の日」である。

さてそれでは、関東の王は、封禅と郊祠をどこでおこなったのであろうか。方術（地理風水）では関東の祖山は富士山である。したがって封禅をおこなうなら富士山を措いて他にない。その山頂で天を祀り（封）、麓で地を祀った（禅）と考えられる。それが浅間神社の奥宮と山宮の発祥であろうと考えられる。

そして郊祠は、関東平野を見下ろす場所でおこなわれたと考えられる。そこは冬至の日の出を正面に望む場所でなければならない。それが現在のどこに当たるのか、かつてはその場所に天壇が設けられていたのだと私は考えている。

富士山で封禅をおこなったことで、徐福は自信を持ったのかもしれない。秦始皇帝が封禅をおこなったのは泰山であるが、霊山としては富士山のほうが格上であるとの判断があったかもしれない。――「始皇帝は泰山でおこなったが、私は蓬莱山でおこなった」とも考えられる。

なお、富士山は、結果的に蓬莱山に擬せられたのではなく、最初から蓬莱山であったのではないかと、私は考えている。なにしろ最後の大噴火があった一万五千年前から富士山はほぼ今と同じ姿であって、その令名ははるか遠方まで伝わっていたと容易に想像できる。そして、その山を何と呼称するかは当事者の自由である。シナでは神仙思想が発生するより一万年以上前からその存在の噂は伝播していたことであろうから、方士たちがそれを蓬莱山と呼んでいたとしても何ら不思議はないだろう。

徐福については、日本の各地に渡来伝説があることはすでに触れた。これについては拙著『ヒルコ』(河出文庫)に記しているが、北は青森から、南は鹿児島まで、実に驚くべき数の伝承伝説が全国に散在している。

その渡来船団を統率していたのが徐福か否かは留保しておくとしても(徐福であることについては異論が様々あるようで、そこに拘泥すると肝心の本論が進まなくなるため)、三千人の童男童女プラス技術者百人、航海必要人員の大船団を誰かが統率して東へ船出したという記録は信憑性が高いだろう。日本各地にもその後日譚らしき伝承が残っている。


伝承地の主なところでは、青森県中泊町、秋田県男鹿市、東京都八丈町、山梨県富士吉田市、愛知県一宮市、愛知県豊川市、長野県佐久市、京都府伊根町、三重県熊野市、和歌山県新宮市、広島県廿日市市、佐賀県佐賀市、宮崎県延岡市、鹿児島県出水市、鹿児島県いちき串木野市、等々。

そして、徐福(もしくはその集団)から伝えられたという薬学、医学、土木工学、建築技術、鉄の精錬鋳造技術等々を、各地の人々は今なお伝えている。そのなかに煉丹術も当然ながらあったことだろう。

しかもそれらの土地のいくつかには、秦の貨幣が出土しているところもあれば、徐福の墓と伝えられるものを大切に守っているところもある。もしもこれらがたんなるお伽噺であるならば、古代において、ここまで広範囲に伝説が定着しているのはむしろ不可解と言うべきで、それこそ何者かによって関連する事象がもたらされたと考えるのが自然の成り行きというものであるだろう。なにしろそれは、紀元前のことなのだから。

そこで私はある仮説を立ててみた。徐福伝説が日本の各地にあるのは、渡来した大集団が、渡来後いくつにも分裂して各地に定着していったからではないか、というものだ。徐福本人がどのチームに残ったのかはともかく（あるいは早くに他界して、それが分裂の要因になったかもしれないが）、徐福の集団は老若男女さらには役割・職業などきわめて多様な集団である。つまり、未知の地に、新たな国家建設という目的ゆえに組織編成されたものと考えられる。そのような集団に厳格な規律が守られ続けたとは到底思えないので、時間が経つうちに小集団がいくつも生まれ、それぞれに小リーダーがいて、完全な統率が取れなくなっていったのではないだろうか。小集団（あるいは特定の個人）が各地に四散して定着し、それぞれの伝説となったのではないか。

……これが私の「仮説」である。

煉丹術の日本への伝来

関東の丹生神社は、丹党の一族の者がその地の領主となった時に鎮座させたものがほとんどである（近畿地方その他は事情が異なる）。このことはその地の人々が一時期いかに「丹」を重要視していたかの証左であろう。

外丹は、漢土では早くから朝廷の専有物となって、一般には秘された（内丹は方士のみが究め続けた）。一般には『抱朴子《ほうぼくし》』などの一部の書物に記録されるが、辰砂の採掘および活用法は、朝廷の直轄のもとにむしろ日本で広まった。三世紀にはすでに日本では支配層には浸透していたようで、それについての断片記録が「魏志倭人伝」や『後漢書』などの史書に散見することはすでに述べた。魏や漢の時代までには、倭国には丹が産出し、「黥面文身《げいめんぶんしん》（顔の入れ墨と身体の入れ墨）」という記録と合わせて考えると、古代の日本人は全身に入れ墨をしていて、さらに全身赤く塗っていたと考えられる。ただし、それはすべての倭人ではなく、祭祀や戦闘に関わるごく一部の特別な人たちであって、当時の丹朱は当時もその後も貴重品であったから、むやみに一般人が消費できるとは考えられないからである。また、魏や漢の使節が出会った倭人も、大半は特別な人たちだったはずである。日本では辰砂は、「水銀」としては黄金の精製のために、「朱」としては祭祀をはじめとする聖性を表現するために大いに重用されたのだ。

しかし鎌倉時代の末には採掘量が急激に衰えたようで、丹生の痕跡が薄らいで行く。それも、すでに述べたように資源の枯渇か、あるいは何らかの政治的要因によって衰退し、実態はよくわからなくなっている。詳細は次章で述べるが、その入り口は丹生都比売《にうつひめ》信仰にある。紀伊地方以外ではあまり馴染みのない神名であるだろうが、『古事記』成立以前から信仰されている古き神である。丹生都比売命は『古事記』にも『日本書紀』にも登場しない。記紀の成立よりもはるかに古い神なのに、である。ヤマト朝廷が忌避した信仰であったと考えられるが、いったいなにものであったのだろう。紀伊の丹生都比売神社や丹生川上神社、また武蔵の金鑽《かなさな》神社（元・金砂《かなすな》神社）や、両神《りようかみ》神社（元・丹生神社）は、その重要な手がかりであろう。「丹」にまつわる歴史は、想像以上に広く深いものであるようだ。

紀州の「丹」も、武蔵の「丹」も、その利活用は渡来者の技術が大前提であった。遣隋使や遣唐使に随行した留学僧は、滞在期間二十年を費やして様々な学問を勉強するが、その一環として通りいっぺんの煉丹術をも皆勉強した。その中には最澄や空海もいた。煉丹術は、かつては政治的にも文化的にもきわめて重要な学術呪術であったが、中世以降は廃れてゆく。しかしまぎれもなく、「丹」によって動いた歴史が、かつて存在したのだ。「丹」を巡る知的作業は、失われた古代への入り口になるだろう。

第三章　丹神からの贈り物……に（丹）の発見

「魏志倭人伝」に記された下賜物

「魏《ぎ》書烏《しょう》丸鮮卑《がんせんぴ》東夷《とうい》伝倭人条《でんわじんじょう》（魏志倭人伝《ぎしわじんでん》）」（三世紀末成立）の記事にこうある（和訳）。

「景初二年（西暦二三八年）六月、倭の女王は大夫の難升米《なしめ》等を帯方郡に遣わし、天子に朝献を求めた。太守の劉夏《りゅうか》は、吏将《りしょう》をつけて都（魏の首都・洛陽）に送った。

その年の十二月、倭の女王に報いる詔書が出された。

いわく、

親魏倭王の卑弥呼に詔《みことのり》を下す。

帯方太守の劉夏が使者をつけて汝の大夫の難升米、副使の都市牛利《つしごり》を護衛し、汝の献上物として、男の奴隷四人、女の奴隷六人、班布二匹二丈を奉じて参った。汝ははるか遠い地にあるにもかかわらず、使者をつかわし、献上物をもたらした。これこそ汝の忠孝の真情のあらわれであり、朕は汝の衷情に心を動かされた。

今より汝を親魏倭王となし、金印紫綬を仮授するが、その印綬は封印して帯方太守に託すゆえ、汝の種族のものたちを鎮め安んじ、孝順に努めよ。汝が遣わした使者、難升米と牛利とは、遠く旅をして途中苦労を重ねたゆえ、いま難升米を率善中郎将となし、牛利を率善校尉となして、銀印青綬を仮授し、引見してねぎらいの言葉をかけ下賜物を与えたあと、帰途につかせる。

さらに、絳地《こうち》交龍文の錦五匹、絳地縐粟の罽十張、蒨絳五十匹、紺青五十匹をもって、汝の献上物への代償とする。加えて、とくに紺地句文の錦三匹、細班華の罽五張、白絹五十匹、金八両、五尺の刀二振、銅鏡百枚、真珠と鉛丹おのおの五十斤《きん》ずつを下賜し、みな箱に入れ封印して難升米と牛利に託し、持ち帰って目録とともに汝に授けさせる。

これらのすべては、それを汝の国のうちの者たちに示して、魏王朝が汝らに深く心を注いでいることを知らしめんがためのもので、それゆえことさらに鄭重に汝に良き品々を下賜するものである。」


この記事には「卑弥呼および耶馬臺国」に関わるいくつかの重要な情報が記されている。

その第一は「年号」であることはよく知られている。これによって、女王卑弥呼が君臨していたのは「景初二年（西暦二三八年）」前後であったことがわかる（近年の研究では景初三年が正しく、ここは誤記とする説もある）。

第二は、この時に「親魏倭王の金印紫綬」が与えられたということで、後に九州志賀島で発見された「金印」こそはこれのことであるとされている（いまだ多くの謎が残っているが）。

第三は、下賜品の中（最後から二番目）に「銅鏡百枚」とあることで、これが後々、いわゆる「ヤマタイ国論争」の需要な鍵になる「三角縁神獣鏡」で、卑弥呼が受け取ったものであるとされているが、定義の仕方にもよるが少なくとも三百枚以上が発見されているため、いまだ研究の途上にある。

なお下賜品についてのこの記述は、ただの羅列ではない。金印は下賜品ではないので別であるのは言うまでもないが、また「代償」までとそれ以降とも別であって、「とくに」以降が下賜品の実像である。この列挙には意味があって、品々の順番は次第に重要度を増してゆくということで、すなわち最後に最も価値の高い品物が記されているということであろう。そして下賜品の最後には「真珠と鉛丹おのおの五十斤ずつ（真珠鉛丹各五十斤）」とある。

ちなみに漢代の斤《きん》は、約二二七グラムと推定されているため、漢に続く王朝である魏においても同一であったとも考えられ、したがって五十斤は、227×50=11350であるから、およそ十一キログラム強であったと推測される。

魏王よりの下賜品として、銅鏡百枚よりも価値あるとされた「真珠と鉛丹」とはいかなるものなのか。真珠は宝玉の一つであることはそのままであるが、鉛丹とはヤマトでは聞き慣れないものであった（＊真珠は真朱の誤記であるとの説が定説であるかのように膾炙しているが、別のところで「真珠と青玉が耶馬臺国の産物」と記していることから、誤記ではないだろう。日本が海に囲まれた島国であるところから、古来、天然真珠は大陸とは比較にならないほどしばしば採取され、青玉とは、おそらく翡翠のことであろう）。

そして「鉛丹」とは、第一章で解説したように、朱の一種であるが、辰砂から精製する水銀朱よりも赤色の鮮やかさにおいてやや劣ることから、水銀朱を真の朱、すなわち真朱とし、鉛から精製して得られる赤色の顔料は鉛丹と区別して呼称している。

「正始四年（西暦二四三年）、倭王はまた使者の大夫伊声耆《いしき》・掖邪狗《ややく》ら八人を遣わし、生口・倭錦・絳青縑《こうせいけん》・綿衣・帛布・丹・木㺃・短弓・矢を献上した。掖邪狗らは率善中郎将の印綬を拝受した。」

景初二年の下賜品によって、「丹」の価値を初めて知った卑弥呼は、この年に耶馬臺国において産出した「丹」を献上している。魏王への献上であるから、質量とも相応のものであったはずで、魏国側はさぞ驚嘆したことだろう。

「魏志倭人伝」の倭国を紹介する段にこう書かれている。

「其山有丹」

日本式に訓読すると、

「それ、山は丹あり」（＊異説「その山に丹あり」）

すなわち、簡単明瞭「邪馬臺《ヤマト》国の山には丹がある（産出する）」ということである。シナにおいては辰砂も鉛丹も露頭しているのが通常で、邪馬臺国においては探索した上で、坑道を造って掘り出すものであったと考えられる。

航海技術に特別長けているわけでもない邪馬臺国の朝貢使が、海を越えるという危険を冒してまで実行した大事業であるから、持参した貢ぎ物は多種多様であり、かつ邪馬臺国において最も価値あるものと考えられているものばかりであったことだろう。「倭人伝」はその一部を紹介しているが、むろんほんの一部であって、漢民族にとっての価値基準はまったく異なるものであるから、同書にて紹介されるものは漢民族の価値観を示しているということでもある。そしてその中で、「丹」の存在がいかに特別のものであるか教えてくれているのだ。

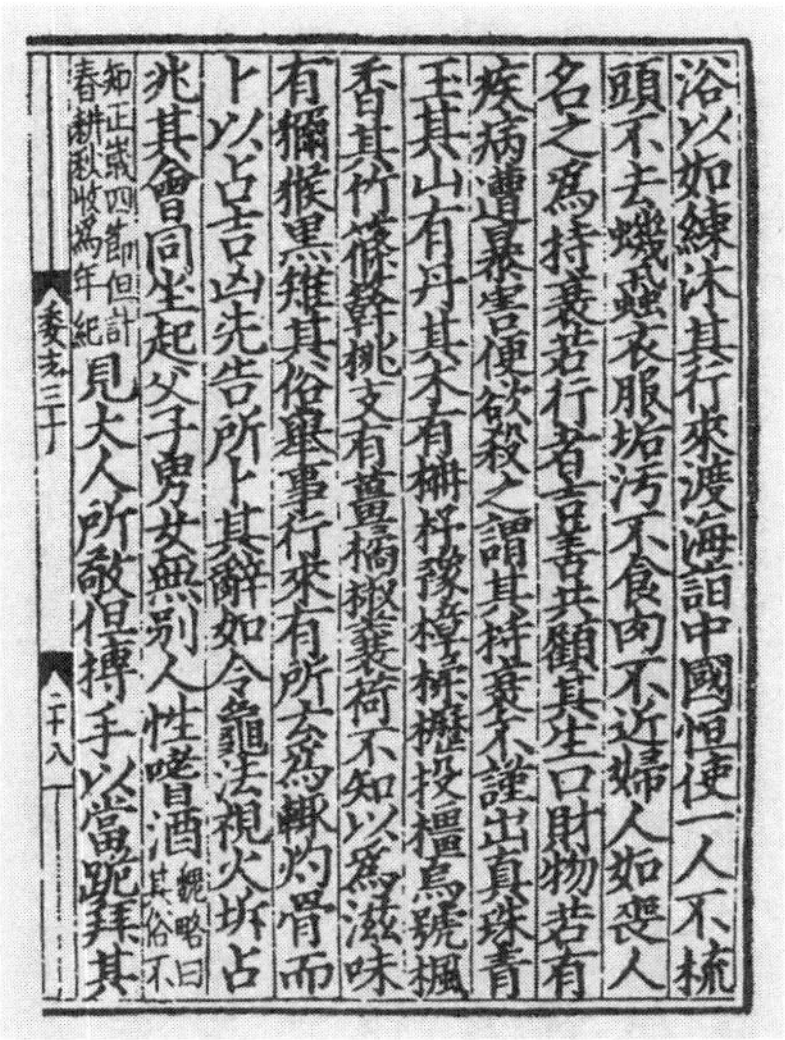
浴以如練沐其行來渡海詣中國恆使一人不梳
頭不去蟣蝨衣服垢汚不食肉不近婦人如喪人
名之爲持衰若行者吉善共顧其生口財物若有
疾病遭暴害便欲殺之謂其持衰不謹出真珠青
玉其山有丹其木有柟杼豫樟楺櫪投橿烏號楓
香其竹篠簳桃支有薑橘椒蘘荷不知以爲滋味
有獮猴黒雉其俗舉事行來有所云爲輒灼骨而
卜以占吉凶先告所卜其辭如令龜法視火坼占
兆其會同坐起父子男女無別人性嗜酒魏略曰其俗不
知正歳四節但計春耕秋收爲年紀見大人所敬但搏手以當跪拜其
委志三十　二十八

「魏志倭人伝」倭国の条。五行目に「其山有丹」の文字が見える。

ところが当時の日本国では、丹朱を顔や身体に塗るのはそれほど特別のことではなく、本書の第一章で述べたように、赤い顔料は、すでに縄文時代から数種類普及していた。「魏志倭人伝」にもそのことを示唆する一文が見られる。

【原文】

「以朱丹塗其身體、如中國用粉也。」

【書き下し文】

「朱丹を以ってその身体を塗り、中国に

て粉を用いる如きなり。」

【訳文】

「朱丹を身体に塗っており、中国で粉を用いるのと同様である。」

（＊「魏志倭人伝」においては中国の語をもって魏国の自称としている。）

魏国で広く用いられている粉おしろいのように、ヤマトでは朱丹が日常的に用いられていると記している。後々には、ヤマトにおいても丹朱（辰砂）その他を入手するのが次第に難しくなってゆくのだが、古代においては、特定の場所には露頭しており、露天掘りともいうような容易さで入手できたのかもしれない。といっても精製に掛かる手間は一緒なので、誰もが気軽に入手できるようなものではなかったが、さほど高価値のものでもなかったのだろう。

邪馬臺国は、「丹の王国」であったのだ。

辰砂を産出する場所は、近くに金を産出する地域であることはシナでは古くから知られていた。これが後に「黄金の国ジパング」という伝説の出所になる（ちなみにジパングとは日本という字の漢音であるジツ・ホンが転化したものである）。

まえがきの見出しにも用いたが、「丹山」すなわち「丹を産出する山（邪馬臺国《やまと》・卑弥呼の時代に、丹を多く産出していた山）」を見つければ、邪馬臺国の特定に重要な手ががりとなる、ということになるだろう。邪馬臺国の女王が、魏王に「丹」を献上して大いに面目をほどこしたという記録は、邪馬臺国を特定するための大きな手掛かりである。

とはいえ、日本の丹採掘の記録はきわめて少なく、『続日本紀』と『新撰姓氏録』にいくつかあるのみで、あとは丹生神社の鎮座状況や、それぞれの伝承に頼るばかりである。

卑弥呼の時代からおおよそ八〇〇年後のことになるが、源頼朝が伊豆へ流されてより、長年支援し続けていたことで知られる比企氏は、本拠地である武蔵国において豊かな財力を誇っていた。そしてその財力の保証こそは「丹」であった。

なお関東では辰砂も赤鉄鉱石もひとくくりにして「丹」と呼ばれていた。何よりの手掛かりは「丹生（にう、にゅう、たんしょう）」という地名の探索であろう。丹生とは、丹を生ずるということであるから、文字通り丹の産出地ということである。「丹波国」なども丹を多く産出した国との意味であろう。

丹党《たんとう》と丹生《にう》神社

源頼朝が鎌倉幕府を開いた際に、その力の保証となったのは「武蔵七党《むさししちとう》」といわれる関東固有の武士集団であることは広く知られている。武士は鎌倉時代に発生したとされているが、すでにそれ以前に、関東全域で騎馬武者たちの集団が活躍していたと考えられ、そしてそれが「武士の原型」であるだろう。そしてその実像こそは「武蔵七党」である。

武蔵七党とは平安時代中頃から武蔵国を中心に下野・上野・相模など関東の全域に勢力を広げていた武士団である。それぞれ一族同族を単位とするもので、丹党《たんとう》（丹治党）、児玉党、横山党、猪俣党、野与党、村山党、西党（西野党）、（＊『武蔵七党系図』による。異説あり）の七党である。七党の第一である丹党一族には、今に続く中村・青木・清水・岩田・勅使河原《てしがわら》・大関・榛沢《はんざわ》などの氏族があり、秩父から児玉地方一帯、また群馬県南西部にかけてを中心とした古代豪族としてそれぞれの領地を支配していた。苗字人口ランキングでも上位にいくつか入っているという大族で、かく言う私もこの一族で（分家）、わが家の家紋は〇の中に「丹」という古式のもので、丹党の丹である。菩提寺のすべての墓石にも先祖代々、丸丹の家紋が浮き彫りになっている。

丹党の氏神は、埼玉県児玉郡神川の金鑽《かなさな》神社（ＪＲ八高線・**丹荘駅**《たんしょう》）を始めとして、それぞれの氏族ごとに丹生神社が祀られていた。

▼金鑽神社（通称・二宮様／旧称・金沙奈）埼玉県児玉郡神川町二ノ宮

【祭神】天照大神　素盞嗚尊（配祀）日本武尊

当社は武蔵国二宮《にのみや》で、祭神は右のようになっているが、社伝では、「景行天皇四十一年日本武尊東征の折、御姨倭比姫命より賜った火鑽金《ひきりがね》火打石を御室山に収めて天照大神素盞嗚命二柱を奉斎し、尊は欽明天皇の御時配祀された。」となっている。なお当社には本殿がなく、拝殿のみで、背後の神体山（御室山《みむろやま》・御嶽山《みたけやま》）そのものを拝礼するという原初の信仰形態になっている。

金鑽神社、山の神門。右の手前が拝殿

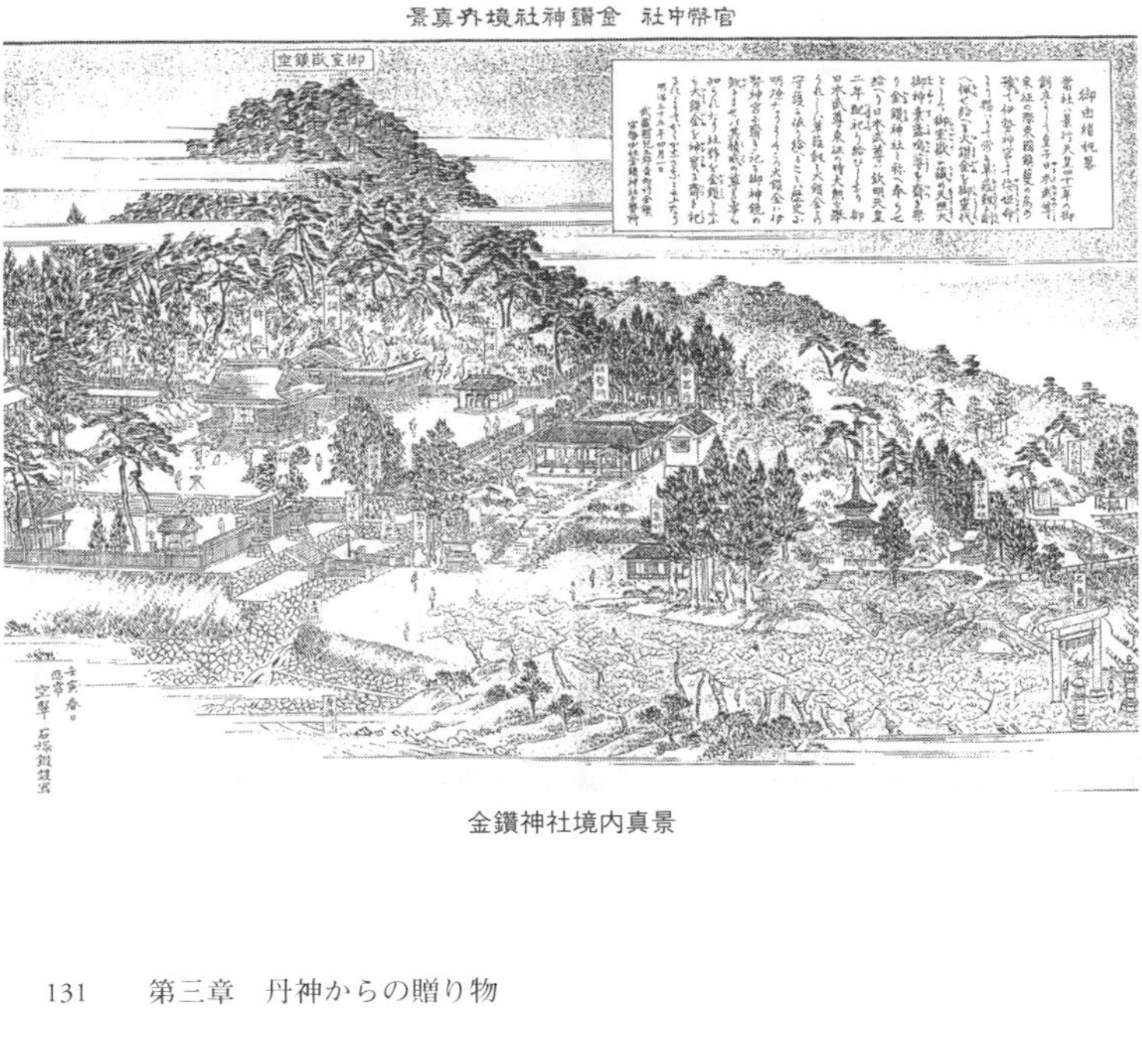

金鑽神社境内真景

丹生都比売神社（神門）

古代、武蔵秩父地方は銅の産出で有名であったが（和銅開弥《わどうかいちん》）、鉄や朱の産出もあって、それが彼らの力の源泉でもあり、山を拝むことにつながったものであろう。

なお「丹党」という名称が何に由来するものなのかには、複数の説がある。

一つは、右に述べたように「丹（辰砂・朱砂）」の採掘に由来するものであるが、もう一つ、祖先の名に由来するという説もある。

丹党系図を遡ると、第二十八代・宣化天皇の直系である多治比《たぢひ》（丹治比・丹比とも表記する）氏の後裔であるとなっている。

ところが別の資料では、丹党の氏神を高野明神とし、その神を祀る丹生都比売神社の社家である大丹生《おおにゆう》氏こそが先祖であるとしている。

実際のところ、はるか彼方の、丹生川上神社社家に伝えられる丹生系図によれば、丹生都比売神社の祝家《ほうり》（社家のこと）となった大丹生直《おおにうのあたい》丹生麿《にうまろ》の後裔・丹貫主峯時が丹党の祖となっている（この後、武蔵守・多治比氏の子孫を一族に迎えて、丹比と表記した可能性もある）。そして、その子孫から先に挙げた一族の諸流は発生する。

つまりいずれも祖先の名に「丹」が含まれており、とりわけ大丹生氏は名にも由緒にも「丹」が関わっている。武蔵七党の他の党は、姓氏をそのまま党名としているので明快であるが、丹党のみはこのように由来が謎めいている。

丹党の本拠地は、金鑽神社が鎮座する児玉・本庄地域であるが、先に示したいくつかの分家が秩父方面にも広がっており、それとともに丹生神社も各地に勧請《かんじょう》されていったようである（丹が採掘されたゆえに丹生神社を祀ったのか、それとも丹生神社を祀ることによって丹党の領地であると誇示したのかは不詳である）。

丹党は、古代より秩父地方から群馬にかけて大いに栄えてきたが、その力の源泉は産出される豊富な資源にあった。奥州藤原が金を産出したのに対して、秩父平氏が銅、そして丹党は文字通り「丹」を掌握することによって力を得た。そして丹党は、武蔵・上野《こうづけ》等近縁各地に丹生神社を祀ることで一族の結束をはかった。『新編武蔵風土記稿』によれば、秩父郡だけで丹生神社は二十一社を数える（＊現在は一社も存在しない）。

御岳《みたけ》の鏡岩《かがみいわ》

前章で「王の祭祀」の論理に則って私は次のように指摘した。

「郊祠は、関東平野を見下ろす場所でおこなわれたと考えられる。そこは冬至の日の出を正面に望む場所でなければならない。それが現在のどこに当たるのか、かつてはその場所に天壇が設けられていたのだと私は考えている。」

とすれば、その答えは御嶽山か浅間山ということになるだろう。

御嶽山は二宮の奥宮である。かつてここでそのような重要な祭祀が営まれたのだとすれば、金鑽神社が大宮氷川神社に次ぐ武蔵二宮である理由になるかもしれない。

浅間山《あさまやま》は、富士浅間《せんげん》神社との名称の共通点もあり、富士山の古名とまったく同じあさま山でもあるところから、特別な関係がありそうだ。標高二五六八メートルの活火山であって、巨大なカルデラを持つ円錐形の山容は富士山ともよく似ており、既述したようにこれこそが伝説の「三壺山」の三つ目なのかもしれない。

阿蘇山《あそやま》、浅間山、富士山（あさま山）こそが、方丈山（方壺山）、瀛州《えいしゅう》山、蓬莱山であるのかもしれないとも、私は空想している。

そして御嶽山からも浅間山からも、冬至の夜明けに昇る太陽を望むと、その直線上には武蔵一宮・大宮氷川神社が鎮座している。もし大宮氷川神社を中心とする関東王国があったとするならば、そこには経済力の保証が不可欠なのは言うまでもない。日本一広大な平野部であり、利根川と荒川によって水利に恵まれたことから、水稲耕作は早くから大規模化し、その結果として経済力をもたらしていたことだろう。

しかしそれだけでは日々の暮らしは維持できても、それ以上の繁栄も発展も望むことは難しい。金の採掘で繁栄した奥州藤原氏や、石見銀山を発見した大内氏、古くから精錬製鉄に特化した出雲族などのように、飛躍的な富国強兵化を実現するには、他に勝る特別な資源・産業が必要であって、関東における財力の保証こそは「丹（辰砂）」の産出であったのではないだろうか。

参考までに現在の埼玉県より報告された鉱物二九三種のうち（一八七五～二〇一二）、「赤色」系のものと、水銀を以下に記す（辰砂は水銀の原料ともなっている）。

▼秩父鉱山　埼玉県秩父市大滝……**赤鉄鉱**
▼餡子《あんこ》屋《や》鉱山　埼玉県秩父郡東秩父村……赤銅鉱
▼銅《どう》の入《いり》鉱山　埼玉県秩父郡長瀞《ながとろ》町野上……**赤鉄鉱**
▼下長瀞《しもながとろ》　埼玉県秩父郡長瀞町長瀞……赤銅鉱
▼日野沢鉱山　埼玉県秩父郡皆野町日野沢……**辰砂**
▼親鼻橋《おやはなばし》鉱山　埼玉県秩父郡皆野町親鼻……紅簾石
▼番匠《ばんじょう》　埼玉県比企郡ときがわ町番匠……**赤鉄鉱**
▼金勝山《きんしょうざん》　埼玉県比企郡小川町木呂子《きろこ》……鉄礬柘榴石
▼太郎丸　埼玉県比企郡嵐山《らんざん》町太郎丸……紅柱石
▼嵐山渓谷　埼玉県比企郡嵐山町鎌形……紅簾石
▼大平山《おおひらやま》　埼玉県入間郡毛呂山《もろやま》町……菱マンガン鉱
▼中野《なかの》土山《つちやま》鉱山　埼玉県入間郡毛呂山町権現堂……菱マンガン鉱

▼吾野《あがの》鉱山・岩井沢《いわいざわ》鉱山　埼玉県飯能市……**辰砂**、**赤鉄鉱**、紅簾石
▼大蔵鉱山　埼玉県飯能市南川……菱マンガン鉱
▼釜戸鉱山　埼玉県飯能市白子……**赤鉄鉱**
▼西平鉱山　埼玉県飯能市上名栗字西平……菱マンガン鉱
▼大宮鉱山　埼玉県日高市新堀……菱マンガン鉱
▼無名鉱山……**辰砂**、菱マンガン鉱、バラ輝石《きせき》、フィアネル石

以上はあくまでも近・現代（明治以降）の赤色系の産出鉱物であって、歴史上これまでに何が産出されていたかは不詳である。価値あるものほど優先的に採掘されて、やがては掘り尽くされてしまうものなので、丹すなわち辰砂がどれほど埋蔵量があったのか、今となってはわからない。ちなみに縄文時代から辰砂を産出することで知られる伊勢の丹生鉱山は、実に一九七三年に閉山されるまで辰砂の産出が続いた。いくつかのこういった鉱山は朝廷が丹生氏一族に命じて専管させていたもので、掘り尽くされた鉱山は閉鎖して行ったため、早くに閉鎖したものは所在さえもわからなくなっている。その数少ない手掛かりが、丹生という地名であり、いまなお残る丹生神社でもある。

全国の丹生神社は、現存一八〇余社を数える（＊関東の丹生社はその多くが改称または消滅しているため最盛期の総数は不明）。

丹生都比売神社は、現存一社のみ（＊祭神変更がおこなわれているため最盛期の総数は不明）。関東の金砂・金鑽神社は、三〇余社が現存している（＊最盛期の総数は不明）。

なお、これ以外に「丹」とはまったく無関係の社名のものも相当数に上る。金鑽神社もその一つであるが、埼玉県北西部一帯の丹生神社は祭神を丹生都比売から変えてしまったところが少なくない。奥秩父の両神《りようかみ》神社も、元は丹生明神と呼ばれていたが、社名も祭神も変わっている。丹の産出が尽きたゆえなのか、他の事情によるものなのかも不明である。

▼**両神神社里宮**《りようかみじんじやさとみや》〈通称〉八日見神社、両神山《りようかみさん》　埼玉県秩父郡両神村薄《すすき》

【祭神】伊弉諾尊《いざなぎ》　伊弉冉尊《いざなみ》　天照大神　日本武尊　大口眞神

▼**両神　山両神神社**《りようかみさんりようかみじんじや》〈通称〉金剛院《こんごういん》・両神御嶽《おんたけ》神社　埼玉県秩父郡両神村薄

【祭神】伊弉諾尊　伊弉册尊　大山祇神　（配祀）國常立尊

▼**両神神社奥社**《おくしや》　埼玉県秩父郡両神村薄

【祭神】伊弉那岐命　伊弉那美命　罔象女神《みずはのめのかみ》

なお、両神山山頂に最も近いのは「里宮」で、「奥社」は最も遠くに鎮座しているので、本来はまったく逆の位置付けだったのではないかと思われる。いずれにせよ両神山は、伊弉諾・伊弉冉の両神に由来していることから名付けられているもので、もとは両神神社であって、その後あ

る時期に丹生神社となって、またもとの名に戻ったとも考えられる（私見であるが、当山の遠景は二つの峰が並び立つように見えなくもないのだが、そこだけ切り離して命名するよりも、連山としてとらえると鋸山《のこぎりやま》のほうがふさわしい形容に思える）。

なお、地名の薄は「すすき」と読み、丹党・薄《すすき》氏の所領であり、当社はその氏神である。狛犬の代わりに山犬が眷属「大口真神《おおぐちまがみ》」として祀られている。

金鑽神社についてはすでに紹介したが、「かなさな」という社名の由来（宮司家も金鑽氏という）を、公式には「ヤマトタケルの火鑽《き》り金（火打ち石）を背後の山に埋納した」ことに由来としているが、もとの名が「金砂（かなすな）」もしくは「金佐奈」「金沙奈」であったことに由来していると考えるのが自然であるだろう。金砂や金佐奈という地名は少なからず存在するが、金鑽という固有名詞・地名は、ここより他にまったく例がない。

武蔵国二宮の金鑽神社が本宮で、他に同名の神社が同じ児玉郡内に三ヶ所、隣の本庄市内に四ヶ所あるが、すべて二宮からの勧請であるから、もとは直接的な主従関係か縁戚関係があった地域であろう。二宮の本宮が金鑽という名称になってからの勧請か、それともそれ以前に勧請されていて、本宮の変更にともなって変更したものかは不詳である。

なお金砂とは辰砂のことで、つまり「金を生み出す砂」という意味で、水銀のことである（銀色の水）。砂金から金を取り出すためには水銀が不可欠であった。水銀の用途は他にも多々あるが、これが一番のものであろう。また、辰砂の赤色成分である朱の顔料（水銀朱）も貴重であることはすでに述べた。

丹党一族は、文字通り「丹」すなわち「辰砂」を採掘することで財力を獲得した。そのゆえに、丹党の氏族はそれぞれの所領に氏神神社を設ける際には、丹生都比売を祭神とする丹生神社を勧請するか、もとから鎮座する氏神を丹生神社へと改めて祀り直した。金鑽神社も、そのうちの一つであろう。「丹生」ではなく「金砂」を選んでいるのは、「丹」よりも「金」を重視した証なのかもしれない。現在それらしき神社は諏訪神社で、丹党一族の子孫が氏神として祀っている神社としては最も多く、百数十社に上り、これらすべてがかつて丹生神社であったか否かも不詳であるが、相当数に上るであろう事は推測される。

金鑽神社は、奈良の大神神社《おおみわ》と同様に、神社としては古式であって、拝殿のみで本殿がない。拝殿を通して背後の神体山・御嶽山《みたけやま》（標高三四四メートル）を拝するようになっている。

その山を登拝する途中の二八〇メートルあたりの急斜面に「御嶽の鏡岩」という特別天然記念物が存在する。地上に露出している部分だけで高さ四メートル、幅九メートルに及ぶ鏡肌の平滑岩の一枚岩で、砥石《といし》で磨き上げたかのような光沢であるところから古来「鏡岩」と呼ばれている。地中に隠れた部分がどこまであるのかまったく不明であるが、このあたりは岩盤層であるから地中には相当巨大な一枚岩が存在しても不思議はない。御嶽山全体か、あるいは神川地区全体か、ここを聖地としてしまったゆえにもはや掘削できないが、「丹生」を象徴するような鉱物層が潜んでいると、神社創建当時の丹党一族が考えていたということであるだろう。

鏡岩の材質は赤鉄石英片岩で、赤褐色に輝いている。三十度ほど傾いているために、頭上からの光を受けてひときわ目立つ佇まいであったが、近年柵が設けられて参詣者が近づけなくなったため、岩肌はくすんでしまった。しかし五十年ほど前に訪れた時には柵などはなく誰でも触《ふ》れることができて、子供たちなどは滑り台のようにして戯れていた。八王子構造線と中央構造線の交点がこのあたりなので、活断層そのものが露出したものだろう。硫化水銀（辰砂）とは異なるが、古代から中世あたりは、当然ながら現代のような科学的知見はまだ得ていないので、赤みのある鉱物はその一種と考えられて、粉末にして透き漆に混ぜ込んで赤色顔料として使用していたものであろう。

「御嶽の鏡岩」は、赤色鉱物の象徴的存在である。丹と見なしていた赤鉄鉱が、辰砂と綯《な》い交ぜになりながら、金鑽神社一帯から秩父全域にかけて存在したとも考えられる。御岳の鏡岩はその一部が地上に露出しているものであって、これを神体として拝礼するための施設が金鑽神社になったのであろう。ちなみに赤鉄鉱とはベンガラのことである。

ちなみに埼玉県内に現存する丹生神社は以下に挙げるものですべてである。江戸時代に入って丹党は大きく衰亡したのだろう。

▼**長幡部神社**《ながはたべ》〈通称〉**丹生様**《たんしようさま》　埼玉県児玉郡上里町長浜
【祭神】天羽槌雄命《あめのはづちおのみこと》　埴山姫命《はにやまひめ》

▼**丹生《たんしょう》神社**　埼玉県児玉郡上里町長浜
【祭神】埴山姫命
▼**丹生《たんしょう》神社**　埼玉県児玉郡神泉町上阿久原
【祭神】高龗神《たかおかみのかみ》　水速女神《みずはのめのかみ》
▼**金鑽神社**　埼玉県本庄市千代田
【祭神】天照皇大神　素戔嗚尊　日本武尊

金鑽神社参道から御嶽山を望む。

▼**金鑽神社**　埼玉県本庄市栗崎
【祭神】天照大御神　素盞嗚尊　日本武尊
▼**丹生《たんしょう》神社**〈通称〉**丹生様《たんしょうさま》**　埼玉県児玉郡上里町勅使河原
【祭神】埴山毘賣命　家都御子神
▼**稲聚《いなとり》神社**（元・**丹生神社**）　埼玉県児玉郡児玉町稲沢
【祭神】倉稲魂命　（合祀）高龗神　水速女神
▼**稲荷社《いなりしや》**（**丹生神社**を合祀）　埼玉県川口市石神
【祭神】倉稲魂命　（合祀）天照皇大御神　日本武尊　丹生都命　大山咋神　譽田別命　神産日神　菅原道眞
▼**丹生《たんしょう》神社**（諏訪八幡神社の境内社）　埼玉県飯能市飯能
【祭神】埴山姫命　罔象女命

現在、秩父市には丹生神社が見当たらないが、『新編武蔵風土記稿』（文化・文政期／一八〇四年から一八二九年編纂）によれば、江戸時代末期には、秩父郡のみで丹生神社は二一社存在していた。この頃すでに資源は枯渇していたかもしれないので、これをもって最大値と考えるわけにはゆかないが、少なくともそれ以前は丹党の各氏族が丹生神社を氏神とすることで結束していたのだろうと考えられる。

▼**武野上《たけのがみ》神社**（**元・丹生神社**） 埼玉県秩父郡長瀞町本野上
【祭神】日本武尊　恆望王

▼**恒持《つねもち》神社**（明治四十一年に近在の**丹生社を合祀**） 埼玉県秩父市山田
【祭神】罔象女神　高龗神　（合祀）建御名方神　大山祇命　譽田別命　大物主命

《**関東の**（**埼玉県以外の**）**主な丹生神社・金砂神社**》

▼**丹生《たんしょう》神社**〈通称〉**丹生《たんしょう》さま**　茨城県高萩市下手綱
【祭神】高龗神　倉稻魂命　菅原道眞

▼**金砂本宮《かなさほんぐう》**　茨城県常陸太田市金砂郷
【祭神】大己貴命

▼**西金砂《にしかなさ》神社**〈通称〉お金砂《かなさ》さん　茨城県久慈郡金砂郷町上宮河内
【祭神】大己貴命　（配祀）少彦名命　國常立命

▼**金砂《かなさ》神社**　茨城県鹿嶋市沼尾
【祭神】大己貴命　天太玉命　經津主命
▼**上丹生《かみにゅう》神社**　群馬県富岡市上丹生
【祭神】大日孁命　譽田別尊
▼**丹生《にゅう》神社**〈通称〉**丹生様《たんしょうさま》**　群馬県富岡市下丹生
【祭神】丹生都比賣尊
▼**丹生《たんしょう》神社**　東京都西多摩郡奥多摩町丹三郎《たんざぶろう》
【祭神】丹生都比賣乃命
▼**丹生《にう》神社**　千葉県習志野市谷津
【祭神】丹生都比賣命
▼**廣田《ひろた》神社**〈通称〉**丹生《にう》神社**　千葉県南房総市富浦町丹生《にゅう》
【祭神】天照皇大神

後に資源としての丹は尽き、それとともに丹生社の名称も多くは書きかえられて消えていったが、なぜかヤマトタケルの伝承のみは残り、武蔵七党の信仰として生き続けた。これはおそらく、武蔵七党の発祥以前から根付いているものであって、丹生信仰はその後一時的に発生したものだからかもしれない。

「記紀」より古くから祀られている神・ニウツヒメ

ニウツヒメを祭神とする神社は全国に一〇八社余。うち実に七〇社以上が和歌山県にある。まさに紀伊の神である。古代に紀伊国とは別の国があって（「き」の国に対して「に」の国か）、ニウツヒメはその国の王であったと考えるのが自然であろう。

総本社はかつらぎ町の丹生都比売神社。式内社（名神大社）であり、紀伊国一宮、旧・官幣大社である。

▼丹生都比売神社《にうつひめ》 〈通称〉天野《あまの》大社　和歌山県伊都郡かつらぎ町上天野

【祭神】

第一殿　丹生都比売大神（丹生明神）
第二殿　高野御子大神《たかのみこ》（狩場明神）
第三殿　大食津比売大神《おおげつ》（気比明神）
第四殿　市杵島比売大神《いちきしま》（厳島明神）

わが国屈指の古社であるが、創建の年代は不詳。『丹生大明神告門《のりと》』では、祭神の丹生都比売大神は紀の川川辺の菴田《あんだ》の地に降臨し、各地の巡行の後に天野原に鎮座したとしている。しかし記紀いずれにも、ニウツヒメの名は見られない。ヤマト朝廷の統括下にない神であり信仰であったと考えられる。

丹生都比売神の名の国史の初見は、『日本三代実録』延喜元年（九〇一年）である。『延喜式神名帳』では「紀伊国伊都郡　丹生都比女神社　名神大月次新嘗」と記載されている。


また、高野山の鎮守神でもある。『今昔物語集』には、密教の道場とする地を求めていた空海の前に「南山の犬飼」という猟師が現れて高野山へ先導したとの記述があり、南山の犬飼は狩場明神と呼ばれ、後に高野御子大神と同一視されるようになった。


降臨伝承とは、降臨地を「始祖の地」とするために採用されるもので、その意図はいくつかに分かれる。より強力な聖地を見出したゆえに、それを取り込みたいとする例もあれば、ときには前歴を隠したい例もあるだろう。

丹生都比売神社には、ニウツヒメ（ニフツヒメ）とはワカヒルメ（稚日女尊）の別名であり、ワカヒルメはオオヒルメの妹で、姉妹は一緒に渡来したという伝承がある。まずこの真相を解き明かさなければならない。

ニウツヒメの降臨伝承は、ワカヒルメからの変身・転換にあるとも考えられるので、天皇家・ヤマト朝廷からの離別を宣することによって、紀伊を一種の独立王国とするためであったとも考えられる。少なくとも、ニウツヒメを祀る神社が和歌山地域に集中している理由にはなるだろう。

丹すなわち辰砂の採掘による経済力は強大で、ヤマト朝廷に拮抗するだけのものであったはずである。その経済的かつ宗教的基盤の全面的支援を受けたのが空海である。都から遠く離れた高野山の地を選んだのは、ひとえに丹生一族との連携、一体化によっていることだろう。「朝廷（アマテラス）＝比叡山」に対して「ニウツヒメ＝高野山《こうやさん》」という構図であろう。

ニウツヒメが管掌していた高野山こそはその神域であって、空海が嵯峨天皇に申請して八一六年に下賜されたことになっているが、紀伊は古き神が割拠しており、朝廷の意向がじゅうぶんに浸透しているとは言いがたい地域であった。その象徴的な構造が紀伊国一宮であって、全国ほとんどの国が一宮は一国一社一国造であったが、紀伊には一宮が三社あって、さらにそれらと同等の古社（熊野国一宮）が一社ある。つまり四社による四つの信仰圏が古くからこの地に割拠しており、四社ともに天皇家より古い起源を持っている。

北から順に挙げると次のようになる。

▼丹生都比売神社……支配地は奈良吉野にまでおよぶ。
▼伊太祁曾《いたきそ》神社……支配地の大半を日前宮《にちぜんぐう》に国譲りしている。
▼日前宮（日前《ひのくま》神宮・国懸《くにかがす》神宮）……支配地は紀伊の西側の海浜部から中部におよぶ。
▼熊野神社（本宮・神蔵《かみくら》）……支配地は伊勢の西南部にまでおよぶ。

ニウツヒメ神は、神武東征より前からこの地にあって、高野山に秘められた水銀鉱脈を司る神である。つまり日前宮よりも天皇家よりも古くからこの地に君臨していた神であって、その神域を朝廷の一存で空海に与えるわけにはゆかないはずである。

高野御子神が高野山に空海を案内して、丹生都比売の神域であった高野山を譲ったと、金剛峯寺の伝承にはあるが、実際には奪い取ったものであろう。なぜならば、丹生都比売神社の伝承には「譲った」という記録はまったくないからである（比叡山も最澄が日吉大社から奪い取ったものである）。公式にも、空海が朝廷に働きかけて、帝から高野の地を下賜されたと記されている。

ニウツヒメは古い由緒をもつ神であるにもかかわらず、なぜか記紀には登場しないのだが、別名のワカヒルメは『日本書紀』の「一書」にのみ登場する。いわゆる「岩戸隠れ」の段。

――スサノヲは亡くなった母イザナミに会いたくて、黄泉の国へ行く許可を父イザナギからようやく得た。そこで、旅立つ前に、姉アマテラスに別れを告げるべく高天原へやってくる。しかしその様子は荒々しく猛々しく、海も山も轟く有り様で、これを見てアマテラスは顔色を変えた。そして軍装に身を固め、

「おまえは、高天原を奪うためにやってきたのではないか」と厳しく問う。

これに対してスサノヲは、

「汚い心などありません。ただ姉上にお別れのご挨拶に来たばかりです。それなのにこのような対応をされるとは」と答える。

そこで二人は共に誓約《うけひ》をおこなっていずれが正しいかを占った。その結果、スサノヲが勝ち、高天原に入ることが許される。しかしスサノヲは、誓約に勝ったことをいいことに、高天原において罪の限りを犯すこととなる。いわゆる「天津《あまつ》罪《つみ》」である。『延喜式大祓《おおはらえ》詞《ことば》』の中にある、「畔放《あはなち》　溝埋《みぞうめ》　樋放《ひはなち》　頻蒔《しきまき》　串刺《くしさし》　生剝《いけはぎ》　逆剝《さかはぎ》　屎戸《くそへ》」のことだ。

つまり、水田の畔を破壊したり、水路を埋めて塞いだり、溜め池を決壊させたり、種を重ね蒔きしたり、馬の皮を剝いで宮殿にほうりこんだり、神殿に糞をしたりすることであって、これらが日本の禁忌《タブー》の原型である。ほとんど稲作・農耕に関わるものであることから、国家国民の生業としていかに農事を重要視していたかがよくわかる。そしてこれらすべての罪は、そもそもスサノヲが犯した罪として書かれている。つまりスサノヲは神道においては原罪人なのだ。これらの所業に怒ったアマテラスは天の岩戸の中に隠れてしまい、世の中は暗闇と化す。これが「岩戸隠れ」である。

この経緯の中のエピソードの一つ。——斎服殿《いみはたどの》で神衣《かむみそ》を織っていたアマテラスのところへ斑《まだら》の馬の毛皮を生き剝ぎにして放り込んだので、アマテラスは機織りの梭《ひ》で怪我をしたとされる（＊梭とは機織りの横糸を通す器具であるが、「ヒ」という音には特に意味があるとすでに述べた）。

これを「一書」では、ワカヒルメが斎服殿で神衣を織っていたところへ、スサノヲが斑馬の生皮を放り込んだので、驚いて機から落ちて、持っていた梭で身体を傷付けて亡くなったとしている。——記紀に登場するのはこれだけだ。

記紀は、編纂の当事者に直接連なる神については熱心に書き込むが、そうでない神については粗略とも思える扱いで徹底していることは述べてきた。この編纂姿勢、編集方針を承知しておけば、かえってわかりやすいというものだ。

ワカヒルメがニウツヒメであるかどうか、またアマテラスの妹であるかどうかは、もちろんこれだけでは判断できない。歴史的にも姉妹説は中世以降に広まったものだ。

ただ、記紀に登場しないからといって新しい神であるとは限らない。全国各地に記紀成立よりはるかに古くから祀られている民俗神・土俗神は少なくないのだ。後から記紀の神々に比定して（当てはめて）「同体」や「別名」とされた例や、記紀の神を加えた例などもしばしば見られる。

なんといってもその代表は、富士山であろう。富士山そのものが御神体、あるいは依り代として信仰されるようになったのは、はるか古代に遡ることは言うまでもない。その神を、浅間大神《あさまのおおかみ》という。古くは富士大神《ふじおおかみ》ともいっていたようだ。しかし公式には祭神名はコノハナノサクヤヒメとなっている（最近ではホームページなどには浅間大神が掲出されるようになった）。

▼富士山本宮浅間《せんげん》大社　静岡県富士宮市宮町

【祭神】木花之佐久夜毘賣命　（配祀）天津日高日子番能迩迩藝命　大山津見神

浅間大神も記紀に記載がない。しかしコノハナノサクヤヒメは、もちろん記紀に登場する。そのためこういった異動があったのではないかと思われる。浅間大神はコノハナノサクヤヒメと同一であるかのような説もあるが、もちろんこれはまったくの誤りであって、コノハナノサクヤヒメは浅間大神の巫女として近世になって合わせて祀られたもので、すなわち元々は浅間大神のみであった。

伝承によればコノハナノサクヤヒメは絶世の美女で、ニニギの妻であり、ホデリ（海幸彦）、ホスセリ（山幸彦）の母である。富士山は祭神が女神であるから、男女ペアで登山すると、山の神が嫉妬して遭難する、などというまことしやかな話もあるが、もちろん後世の俗説にすぎない。

現在の鎮座地に社殿が造営されたのは八〇六（大同元）年、平城天皇の勅命を奉ずる坂上田村麿による。それまでは、山宮が本宮であって、そこから遷座《せんざ》されたものである。

山宮浅間神社《やまみやせんげんじんじゃ》は社殿が無く、老木に囲まれた空間そのものを殿舎と見なして、直接に富士山を祀るという古代祭祀の形を残している神社だ。これを神籬《ひもろぎ》というが、すべての神社の中でも、最も古い起源をもつものの一つである。

ここで祀られてきたのは浅間大神、すなわち富士大神のみであって、コノハナノサクヤヒメはまだ祭神とはなっていない。巫女神として大神にお仕えするようになるのは、山宮から六キロメートルほど里へ下りて、そこに大社の壮大な社殿が建設されるはるか後のことである。

ところで、記紀を始めとして、古来伝えられる神名には、遺伝子情報とでもいうべきものが込められている。たとえばスサノヲ神を見ると、『古事記』では須佐之男命、『日本書紀』では素戔鳴尊、『出雲国風土記』では須佐能乎命などと表記する。ここで誰もが意を注ぐのは「漢字表記」の違いであろう。漢字は表意文字であるから、当然その使い方には漢字本来の意味が利用されているわけで、神名誕生当時の意向を探るのに大きなヒントであることは言うまでもない。「素戔」の字にも「須佐」の字にも、それぞれに用いた意味がある。

しかしそれ以前に「スサノヲ」という発音にこそ最も根元的な意味があると気付くべきなのだ。漢字はあくまでも後から当てはめたものであって、初めに音があった。それがヤマト言葉、ヤマト音である。カタカナやひらがなで表すものが原音に近いだろうが、それに相当する文字は、たぶんなかったのだろう。しかし重要なのは、漢字を輸入して利用するようになるはるか以前から存在する言葉である。ここにこそ、古代人が認めていた神の本質があるはずだ。

すなわち神名には最も古い情報が込められているのだ。文献という形では残らず、また文脈も残らなかったが、神名は伝えられた。そしてここにこそ、真相が潜んでいる。神名とは、さしずめ古代の情報を登載する〝遺伝子〟である。私たちはこの〝遺伝子〟を読み解くことによって、核心の答えを得ることができるだろう。そして神名は素直に名付けられたに違いない。古代の人々が神の名を唱える際に、素直に思いを言葉に託したと考えるのが自然というものだろう。難解な神名などあるはずがないのだ。だからいずれの神名も、それがいかなる意味か、簡単にわからなければおかしい。

それではニウツヒメという神名はどのような意味か。

「ニウ（ニフ）」とは「丹《に》」の鉱脈のことだ。丹とは、水銀と硫黄の化合物で、赤い鉱物として

丹生神
丹生大神
丹生大明神
丹生津比賣神
丹生津比賣命
丹生津比咩命
丹生津彦命
丹生津姫神
丹生津姫命
丹生都比女神
丹生都比賣
丹生都比賣神
丹生都比賣尊
丹生都比賣大神
丹生都比賣乃命
丹生都比賣命
丹生都比咩神
丹生都彦神
丹生都姫神
丹生都姫命
丹生都命
丹生姫命
丹津姫命

全国の神社におけるニウツヒメの祭神名一覧

露出する。シナでは辰州が主要産地であったことから辰砂《しんしゃ》もしくは丹（たん）と呼ぶ。つまり辰砂・丹が漢語で、丹（に）は和語である。

ニウツヒメの神名表記は主に次の四種である。

①丹生津比売神（比売命・比咩命・姫神・姫命）
②丹生都比売神（比売尊・比売大神・比売乃命・比女神・比咩神・姫命・命）
③丹生神（大神・大明神・姫命）
④丹津姫命

「ツ」のない例もあるが、あっても単に「の」の意味であり、そして「ヒメ」は言うまでもなく女性神のことだ。

このように意味がわかれば、名前というよりも、一種の普通名詞であることが理解できるだろう。つまり、ワカヒルメの別名というよりも別称であろう。ワカヒルメは「若い日女（日霎）」であるというまさに神の名であり、その役割や位置付けを示すのがニウツヒメなのである。つまり、ワカヒルメは「ヒ」の神である。あえて言えば、ワカヒルメはニウツヒメの「本名」であるのだろう。

丹生＝水銀鉱脈を求めて

ニウツヒメの本名であるワカヒルメを祭神とする神社は全国に一一一社。ただし、和歌山県には一社のみしかない。比較的多いのは岡山県一三社、鳥取県一〇社、あとはすべて一桁である。これは「住み分け」であろうと考えられる。完全に別の神であるならば同一地域に鎮座していて不思議はないが、それが見られない。紀伊ではニウツヒメ、紀伊以外ではワカヒルメで祀ったと考えるべきだろう。

神名表記は三種。

①稚日女神（女尊・女大神・女命・姫命・留女命・売命・靈女尊・靈尊）
②若日女神（女命・媛命・留女命・留売命・靈女神）
③若昼女神

なお、私の調査した限りでは埼玉県北西部から群馬県南部一帯にもかなりの数の丹生神社がかつて存在したのだが、その後祭神が替えられたり、社名が替えられたりしたものがいくつもあって、この数には入っていない。現在は別の神社ということになっている。おそらく他の地域でも同様の事情はあったはずである。丹、すなわち辰砂の採掘が激減するとこぞって新たな土地に移住するか、祭神を替えたものが少なくない。

全国の丹生神社の現状は次の通りである。

▼丹生神社

全国総数　一〇六社（和歌山県　三九社）

本社　九三社（和歌山県　三六／奈良県　一〇／佐賀県　七／群馬県　六／埼玉県　四）

境内社　一三社（和歌山県　三／奈良県　一／群馬県　一／埼玉県　一）

埼玉県の五社は、現在ではいずれも丹生都比売を祭神としていない。丹生神社との関係を示す記録のない稲荷社（埼玉県川口市）の祭神に丹生都命が祀られているのは、明治の合祀令によるものであろう。

▼**稲荷社**《いなりしゃ》　埼玉県川口市石神

【祭神】倉稲魂命　天照皇大御神　日本武尊　**丹生都命**　大山咋神　譽田別命　神産日神　菅原道眞

鎮座地の地名に「丹生」とある全国の神社は以下の通りである。

総数　三四四社（ただし多くは福井県丹生郡二七〇社）
本社　二八〇社（福井県二二一社）
境内社　六四社（福井県　四九社）

ただし、丹生郡内の丹生神社は本社三社のみである。

「丹生」も「丹」もまったく出現しないのに、明らかに赤色鉱石が屹立している赤岩神社（鳥取県）のようなところもある。赤く輝く巨岩の柱が林立するなかに社殿が埋め込まれるように鎮座する様に、人々が恐れをなしたのかもしれない。

▼**赤岩《あかいわ》神社**　鳥取県西伯郡伯耆町上細見
【祭神】天津彦火瓊瓊杵尊　大山祇命　木花開耶比売尊　速須佐之男神　稲田比売神

ワカヒルメ伝説と丹生信仰

ワカヒルメ（稚日女・若日女・他）は、オオヒルメ（アマテラス）の若き日の名だという説と、妹だという説とがあるが、妹か否かはともかく、アマテラスとは明らかに別の神格である。

▼**生田神社**　〈通称〉生田さん　兵庫県神戸市中央区下山手通

【祭神】稚日女尊

▼玉津島神社《たまつしま》　和歌山県和歌山市和歌浦中

【祭神】稚日女尊　息長足姫尊　衣通姫尊（配祀）明光浦靈《あかのうらのみたま》

ワカヒルメは、すでに紹介したように『日本書紀』の一書にのみわずかに登場するが、早々と死んでしまう。神話においての「死」は、その神の事績や系譜を隠した証しである。隠さなければならない何かが、必ずその背後にあると考えると神話の迷路から抜け出すことができる。

玉津島神社はその「由緒」に、

「玉津島一帯はまた玉出島ともいわれ、いにしえ恰《あたか》も島山が玉のように海中に点在していたと想像され、神のおわすところとして崇められていた。玉津島神社の創立は極めて古く「上古」ということになっている。稚日女命は伊邪奈伎・伊邪奈美二柱の命の御子であり、天照大御神の妹神に当たらせられる。」

とあるのみで、あとは稚日女尊以外の後世に祀られた神についての由来を記すばかりである。

あちこちに残る記録や伝承を総合すると、一つの「伝説」が浮かび上がる。

――紀元前二世紀頃、航海技術にすぐれた呉人は船団を組織して、新天地のヤマト国へ向かった。金属鉱物採取技術にすぐれた越人も参加しただろう。彼らが推戴していたのは呉の王女たる姉妹である。呉国や越国のある江南地域は、古くから日本と交流があり、江南とは異なり山岳が大部分である日本には、銅や水銀などの鉱脈が多いことは早くから知られていた。

姉妹は父から渡された王家の宝器を伴っていた。王家の証である金印と、宮の銀鎰《ぎんいつ》（銀のカギ）と、そして氏祖・太伯から伝わる銅鐸である。金銀銅の三種の神器である。

『丹生都比売神社史』によれば、丹生氏の故地は筑前の伊都とされている。紀伊に移住した際、故地にちなんで伊都郡の地名がつくられた。紀伊国の主な水銀産地（すなわち丹生）が伊都郡内にあるのは偶然ではない。

丹生氏一族は、淡路を経て紀伊に入り、紀の川上流を拠点に、中紀・南紀、奈良県の吉野・宇陀方面に勢力を広げる。紀の川下流域においては、土地の祭祀家の名草比古《なぐさひこ》命を婿養子に迎えて、流域を支配していた五十猛《いそたける》命の一族とも連携する。五十猛命を祀る伊太祁曾《いたきそ》神社（紀伊国一宮）の奥宮は丹生神社であり、丹生都比売命と丹生都比古命に天照大神を配している。

▼伊太祁曾《いたきそ》神社　〈通称〉山東《さんどう》の宮　和歌山県和歌山市伊太祈曾
【祭神】五十猛命

ちなみに当社の神紋は、◯の中に「太」と描くもので、神社紹介専門サイト〈玄松子《げんしょうし》の記憶〉、伊太祁曾神社の項において、こんな指摘がされている。

「神紋は、伊太祁曾の『太』だそうだ。どうして、『伊』じゃないんだろう。伊太と祁曾の複合語で、伊は接頭詞だとすると、『太』が根本となるのかな。あるいは、伊勢に遠慮か。」

そのとおりで、伊太祁曾の「伊」では意味をなさないだろう。「太」そのものに意味がなければ神紋とはならないはずである。また「伊勢に遠慮」のニュアンスもないとは言えないが、そもそも伊勢においてはあらゆるシーンで「太一」という文字が登場する。伊勢の神宮では、別宮の伊雑宮《いざわのみや》をはじめとする周囲の行催事において「太一」の表示は数多く見られる。御田植祭では十数メートルもの巨大なサシハ（団扇）が掲げられるが、そこに大書されているのも「太一」だ。その他、神撰のアワビを採る海女の頭巾にも額に「太一」と書かれ、遷宮の用材を切りだして運ぶ際にも、その用材の先頭に「太一」の文字が大きく墨書される。

これはすなわち「守護」であろう。道教の究極の神・太一が、日本の最高神である神宮の祭りをことほぐという意味であって、道教と神道の習合であろう。『史記』の「天官書」に「北極星の神格化されたものが北辰であり、太一」とある。すなわち伊太祁曾神社の神紋は、太一・太白（太伯）を示すものだろう。イソタケルは太伯の裔であることを神紋によって誇示しているのだ。スサノヲの子として当初の曾尸茂梨《そしもり》への降臨時から同行していることも重要な傍証になる。

なお、伊太祁曾神社は元は日前宮《にちぜん》の地にあった。しかし垂仁天皇十六年に、こちらへ遷された。日前宮に場所を譲ったのだ。この時、国譲りがあったともされるが、それを明示する資料はない。

「征討されて故地を追われた」とされるのだが、もしそれゆえにここまで手篤く祀られたのであればイソタケルは怨霊神ということになる。

▼日前《ひのくま》神宮・國懸《くにかかす》神宮〈総称〉**日前《にちぜん》宮・名《な》草《くさ》宮**　和歌山県和歌山市秋月

【祭神】
日前神宮――日前大神（相殿）思兼命《おもいかねのみこと》　石凝姥命《いしこりどめのみこと》
國懸神宮――國懸大神（相殿）玉祖命《たまやのみこと》　明立天御影命《あけたつあめのみかげのみこと》　鈿女命《うづめのみこと》

二社で一つ、という祀り方は、伊勢の神宮と同じ形式だ。伊勢では内宮と外宮を総称して神宮と呼び、その他に摂社・末社が多数あるが、日前宮も同様である。

日前《ひのくま》神宮は日像鏡《ひがたのかがみ》を神体とし、國懸《くにかかす》神宮は日矛鏡《ひぼこのかがみ》を神体としている。『日本書紀』（第一の一書）では、アマテラスが岩戸隠れした時に、石凝姥命《いしこりどめのみこと》が日矛と鏡を造るが、それらは日前宮に祀られた、と記されている。この次に造られる鏡がアマテラスを映す鏡となるので、伊勢内宮に祀られている八咫鏡より前に造られたものとも解釈できる。

なお、矛《ほこ》とは両刃の鉄剣のこと。つまり日矛とは、その刃面が鏡のように姿を映すもので、日神アマテラスを映すために造られたところから日矛の名になっているのだろう。國懸神宮の神体が日矛鏡となっているが、鏡のように輝く剣であろうかと思われる。

こういった由来からも察せられるように、日前宮は特別な存在であった。これほどの由緒ある古社でありながら、朝廷はあえて神階を贈らず、伊勢の神宮とともに特別のものとした。氏姓を贈られる者は臣下であり、だから天皇のみは氏姓を持たない、という論理と共通するものがここにはある。神階を贈られる神社は臣下であって、すなわち神階のない伊勢と日前宮は臣下ではない、ということになるだろう。

日前宮は、現在は神社本庁などの包括宗教法人に属さない単立神社となっているのだが、これも由緒からのプライドのなせるものだろうか。神社本庁では、伊勢の神宮を全国すべての神社の総本宮、総親神すなわち本宗《ほんそう》と位置づけている。ということは、神社本庁に所属すると、神宮の下位となるに等しい。本来の別格ではなく、他の神社と同じ立場になってしまうからと考えるのは穿《うが》ちすぎか。

丹生氏一族の足跡

丹生都比売神社の宮司家である丹生《にう》氏は、日前宮の宮司家である紀氏の出である。紀氏は、天《あめの》道根命《みちねのみこと》を祖神としている。アメノミチネは初代・紀伊国造である。

と、ここまではほとんどの資料が一致しているのだが、さてそれではアメノミチネはいずこからやってきたのかというと、二つの説がある。

『先代旧事本紀《せんだいくじほんぎ》（旧事紀《くじき》）』では、ニギハヤヒに同行した神。降臨の際に護衛として随行した三十二神の一だ。後に、ジンムへの国譲りにともなって紀伊国造に任命されることになる。

これに対して『紀伊続風土記』では、ニギハヤヒではなく、ニニギの降臨に随行したとする。その後、ジンムによって紀伊国造に任じられるのは一緒なのだが、ここだけが異なる。

ニギハヤヒか、ニニギか。いずれも天神なので素性ははっきりしているのだが、どちらの系譜かによって大きな違いがある。ニギハヤヒはジンムに国譲りして臣従したのだから、天神とはいいながら臣下なのである。

一方、ジンムはニニギの直系で、初代天皇（大王《おおきみ》）である。つまりニニギの子孫であれば、天皇家と同族ということになる。

しかし『紀伊続風土記』は、はるかに時代も下った江戸時代、天保十（一八三九）年に、幕府の指示によって紀州藩によって編纂されたものだ。つまり、政治的に利用される機会を与えられた文献なのである。続風土記ではそれまでの伝承と異なる「ニニギの降臨随行」としたが、これはアマテラス＝ジンム系に連なるための後世の作為によるものだろう。紀氏は、天皇家に匹敵するだけの古い由緒がありながら、歴史的には一族の中から目立った地位に人の立つことがほとんどなかった。『紀伊続風土記』の編纂は、この名家にとって世に知らしめる千載一遇のチャンスだったのだ。当時の紀州藩主・徳川斉順《なりゆき》は、御三卿の一家である清水家から転出したもので、大きなチャンスと考えたとして不思議はない。御三家の一として、紀伊藩の威信を高めることは徳川宗家において自らの地位を高めることになる。領地も臣下もない御三卿と異なり、紀州は大藩である。ここに由緒も加わればさらに強い立場となる。

「紀」という氏姓は、日本で最も古く、最も由緒ある氏姓である。同等の由緒ある天皇家には公式には氏姓・苗字はないことになっているので、まぎれもなく紀氏が最も古い。一般には『古今和歌集』の撰者である紀貫之《きのつらゆき》の名で馴染みがあると思うが、紀氏は神代の昔から現代に至るまで文字通り連綿と続く氏族である。土佐の山内氏や肥後の細川氏、薩摩の島津氏などがどれほど名家だといっても、たかだか数百年のことだが、紀氏は初代が紀伊国造に、そして日前宮の宮司家としておおよそ二千年もの間、紀伊和歌山の地にある。これは、奇跡的な事実なのだ。

紀氏・丹生氏の一族は、ニウツヒメを奉戴して紀伊の辰砂採掘をおこなった。この地域の水銀鉱脈は豊富であった。その財力はこの地に一種の独立国家を建設・維持するにじゅうぶんなもので、空海・高野山もその恩恵によって成立したものだ。

しかし鉱脈というものはいつかは尽きるものだ。紀伊の鉱脈が掘り尽くされたのを契機に、一族の一部は播磨に移住し、別の一族は新たな鉱脈を求めてさらに東へ移り行く。三重、岐阜、長野、静岡、千葉、埼玉、群馬に残る彼らの足跡は、あることによって辿ることができる。——それこそはすなわち、ニウツヒメ・丹生神社を氏神として祀ることである。丹生は、丹の生ずるところ。つまりニウツヒメは「丹の産出するところの姫神」という意味である。すなわち、これは固有名詞ではなく、普通名詞である。「姫」であるのは、丹が赤色であって、赤色は男性性よりも女性性を表すとの固定観念があったゆえであるか、あるいは月経血からの連想か、はたまた実際に「女性の王」がすでに立位就位していたか、いずれそのあたりの由来であろう。

ただ、しばしば足跡を見失うことがある。というのは、辰砂の鉱脈が尽きてもそのままニウツヒメを祀る地域もあるのだが、鉱脈の枯渇を機に別の神に替えてしまう例も少なくないからだ。

一方、紀氏は、一族関連の古墳から馬具類が出土しているところから、騎馬民族系であると考えられている。ニギハヤヒに随行して降臨したという伝承も、やはりそれを示唆している。ということは、海人族系の丹生氏が紀氏の系譜に連結したことになるのだが、そうしなければならないような理由はないのにどうしたことだろう。となれば、ここで基本的な疑問を提示しなければならないだろう。すなわち「ワカヒルメはオオヒルメと姉妹である」という前提への疑問である。そもそも姉妹説は丹生都比売神社の伝承のみにあって、他の文献には見当たらないのだ。そもそもオオヒルメ伝承のいずれにも「妹」は登場しない。つまり、ワカヒルメ（ニウツヒメ）はオオヒルメ（アマテラス）の妹ではなく、元々紀氏から出た丹生氏の氏神なのであろう。もし姉妹であるとするならば、むしろ主流であって、臣従した紀氏よりも上位のはずである。したがって、紀氏から出たという丹生氏の系譜に偽りはなく、むしろオオヒルメと姉妹であるということが偽りであろう。

《近畿地区の主な丹生神社》

▼大丹生《おおにう》神社　京都府舞鶴市**大丹生**宮川尻（旧**丹後国**）

【祭神】大山咋命

▼丹生《にう》神社　京都府京丹後市**丹後町**岩木（旧**丹後国**）

【祭神】罔象女神《みずはのめのかみ》

▼丹生《にぶ》神社　兵庫県神戸市北区山田町坂本字**丹生山**

【祭神】丹生津姫命

▼**丹生《にう》神社**　奈良県奈良市**丹生町**

【祭神】罔象波乃賣命

▼**丹生川《にゅうかわ》神社**〈通称〉丹生《たんじょ》さん　奈良県五條市**丹原町**

【祭神】水波《みずは》能《の》賣命《めのみこと》

▼**丹生川上《にうかわかみ》神社**〈通称〉蟻通《ありどお》しさん　奈良県吉野郡東吉野村小

【祭神】罔象女神《みずはのめのかみ》

▼**丹生川上《にうかわかみ》神社下社《しもしゃ》**　奈良県吉野郡下市町長谷

【祭神】闇龗神《くらおかみのかみ》

▼**丹生川上神社上社**　奈良県吉野郡川上村迫《むらさこ》

【祭神】高龗大神《たかおかみのおおかみ》

▼**丹生《にゅう》神社**　和歌山県那賀郡粉河町上**丹生谷**

【祭神】丹生津比賣命　（配祀）高野明神　氣長足姫命　市岐嶋姫命

▼**丹生川丹生《にう》神社**　和歌山県伊都郡九度山町**丹生川**

【祭神】丹生都比賣命　（合祀）十二王子　百二十番神

▼**丹生《にう》神社**〈通称〉**相之浦丹生神社・丹生高野明神**　和歌山県伊都郡高野町相之浦堂垣内

【祭神】丹生都比賣命　高野御子神

ご覧のように、神社名が「丹生」であるにもかかわらず、祭神がミズハノメ（罔象女神《みずはのめのかみ》・水波《みずは》能賣命《のめのみこと》）やクラオカミ（闇龗神《くらおかみのかみ》）などの「水神」に変わっているところが少なくない。しかし所在地名を見ると「丹生町」「丹原町」「丹生谷」「丹生山」など、まさしくこの地で「丹」が産出されたであろうと考えられる地名である。丹生都比売から水神に替えたのは、丹のもう一つの顔である「水銀」からの連想ではないだろうか。「丹」といえばどうしても「丹朱」すわち赤色顔料を想起してしまうが、水神に置き換えてしまえば、もっと広い意味での氏神としてあらためて祀ることができる。

それでもなお、丹生谷や丹生川の丹生神社が丹生都比売を祀り続けているのは、丹の鉱脈が尽きていなかったことの証であるのかもしれない。空海によって封印された高野山には、なお大量の丹鉱脈が手つかずの状態で眠っているはずで、それが、高野町の丹生神社で、祭神に丹生都比売と高野御子神とを並べて祀っている理由であろう。

空海と煉丹術

遣隋使や遣唐使に随行して留学していた僧侶は、一連のプログラムの中で煉丹術をも学んだ。仏教、道教、儒教を学ぶ中に、必須の基礎学問として陰陽五行や易学と並んで煉丹術も組み込まれていた。したがって日本からの留学生は一人残らず煉丹術を学んでいたはずで、秦始皇帝の墓が水銀の海に囲まれているという司馬遷の証言についても当然ながら彼らは学んでいたことだろう。そしてその水銀に如何なる意味が付与されていたのかも。

煉丹術は「不老不死」の霊薬を創り出そうという学術である。その素材の代表が「辰砂」であった。辰砂を加熱すると、水銀と朱とが分離される。その水銀は、この地上において唯一、液体を保ち続ける鉱物である。煉丹術の担い手である方士たちは、この水銀の性質を不老不死につなげた。そのために歴代皇帝が服用してすでに六人死亡しているという事実も留学僧たちは知ったことだろう。ただし、水銀は砂金から黄金を取り出すための媒介であることも学んだことだろう。

いっぽう、丹朱は朱肉や朱墨、また建築物などを彩色する赤色を代表する顔料として珍重されて、宝玉なみの価値を持つものであることも学んだことだろう。

しかも辰砂すなわち丹は、日本国においてはまだそれほど珍重されているわけではなく、空海（七七四〜八三五年）の生まれ育った四国は、その代表的な産出地であった。

空海が、煉丹術について同時代の誰よりも深く学んでいたと推測されるのは、二十年の留学予定を十分の一のわずか二年で急遽帰国し、日本国内での「丹」産出地を巡礼の名目で探索していることである。つまり空海が二年で留学を切り上げて帰国したのは、「丹」の秘密を知ったことによるのではないかと私は推測している。空海は他の留学僧と異なり、本来の勉学以外に医学薬学、土木工学等々の多様な分野の勉学にも取り組み、それらの資料も収集したが、それらは道教や煉丹術からの派生である。帰国した空海が、これらの学術による実践を各地で施したことは少なからぬ記録が証明している。

さらに、空海の足跡が示すものは、武蔵における「丹（辰砂・鉛丹）」の所在である。この地域では中央構造線の露頭はさほど珍しいものではなく、児玉郡から秩父郡にかけて少なからず見ることができる。空海は唐への二年間の留学で多くの新知識を得て帰国したが、中でもとりわけ重要視していたのが「煉丹術」についての知見であった。水銀朱が宝玉にも等しいものであり、始皇帝の秦国以来、歴代の皇帝は「丹」に執心していることは思いもかけぬことであった。しかも、彼《か》の地で『三国志』他の歴史書において、日本は「丹」の産出国であるとすでに卑弥呼の時代に認定されているのだ。

前章ですでにふれたが、もし関東に古代都市があったならば、その遺跡は、関東ローム層の下に眠っていて、かの「ポンペイ遺跡」のようにいわゆる「ポンペイ・レッド（鉛丹）」の痕跡も当然あちこちに見いだされることだろう。なにしろ埼玉県はかつて多くの丹生神社が祀られており、それを氏神としていた丹党なる武士団も北西部全域を支配していたのだ。

空海は、四国讃岐（香川県）の生まれ育ち。隣国の伊予は、「朱沙（辰砂）」を献上させたと、『続日本紀《しょくにほんぎ》』の六九八年九月二十八日の記録にあって、これが日本で「辰砂」が文献に登場した最初のものである。

その幼名は佐伯真魚《まお》（読み方不明／諸説あり）。まさに海人族《あまぞく》の血統に連なる名付けであろう。十七歳の時、大学の明経《みようぎよう》科の試験に通って入学した。明経科では『周易』『尚書』『周礼』『儀礼』『礼記』『毛詩』『春秋左氏伝』『孝経』『論語』の本文と注釈を学ぶが、それらはすべて丸暗記が基本であって、それ以上のものではなかった。

十九歳の頃、無名の一人の沙門から「虚空蔵求聞持法《こくうぞうぐもんじほう》」を授けられたとされる。これは、インド伝来とされる超記憶術のことと伝えられている。しかし私たちは、このような超能力（呪術）が存在しないことをすでに知っているし、千二百年前とはいえども空海自身も承知していたはずである。あれほどの知性と感性を備えていた人物は当時も今も稀有であるから、ことさらに特別な記憶術などの助けを借りなくても経文を暗記するのはさほど難しいことではなかったことと思われる。

しかし、ただ単に記憶力が優れているというだけでは特別の話題にもならないので、空海一人が仏教の秘法を習得したということになれば、周囲の評価は特別のものとなるだろう。しかも、これまで誰も聞いたこともないような名称の秘法である。

その「虚空蔵求聞持法」との出会いが、空海を大学から去らしめる契機になったとされているが、実際には大学に失望していた空海が、もはや大学に居る必要がないと周囲を納得させるために創作したものであるだろう。「虚空蔵求聞持法」を修得した者は、空海以外に誰もいない。

十九歳で大学を去った空海は、四国に帰って私度僧（公的資格のない僧）として山岳修行に専心したとされ、室戸岬の窟において、「明星が口に入った」という神秘体験を得たと称している（『御遺告《ごいゆう》』『三教指帰《さんごうしき》』）。この時、視界は空と海だけであったところから、これを機に空海と名乗ることとしたという。

三十一歳の時に東大寺戒壇院で得度受戒したが、この間のおよそ十年間の消息は判然しない。得度したのも、遣唐使に随行して留学するのが目的で、おそらく十年間の修行で限界を感じてのことではないだろうか。はるか後世に、南方熊楠が、大学を忌避し、海外へ雄飛するのは、空海を手本としたのかもしれないと思ったのは私だけではないだろう。

当初予定では空海の留学は二十年間であったが、彼は、滞在費が尽きたとの理由で、急遽二年で切り上げて帰国することにした。

空海は四国讃岐の生まれ（七七四年生）であるから、四国の数ヶ所において丹採掘がおこなわれ、精錬されて産生した水銀と朱は、すべて朝廷へ運ばれていたことも知っていた。ただ、それほどに貴重なものであるとは知らなかった。

空海は帰国するにあたって紀伊の「丹」に着目した。それが高野山である。丹生の地を守護するとされる丹生都比売命によってその聖地である「高野」が与えられたことにすれば、神道をも取り込めるではないか。そして、空海の真言密教は煉丹術をも取り込んだものになったと私は考えている。主に内丹を吸収して独自の修行法を構築したが、丹山である高野山を得たことで外丹も一部利活用することとした。

大同元（八〇六）年十月、空海はついに博多津に着到した。三十二歳であった。朝廷に『請来《しょうらい》目録』を提出しており、そこには唐から空海が持ち帰った多数の経典類や両部大曼荼羅、密教法具などが明記されている。

高野山の秘密

丹生神社の神域である高野を、不遜にも墓場にしてしまった空海であるが、金剛峯寺の守護神として境内に丹生明神と高野明神を祀っているのは祟り除け魔除けのつもりなのだろう。松田壽男氏も「丹生氏の活動舞台つまりニウズヒメの神領の上に空海が金剛峯寺を建てたこととおおいに関連している」と指摘している。

空海自身は、丹生・高野両明神について自著の中ではひとこともふれていないようだが、祀っていることが何よりも雄弁に本心を語っている。最澄が比叡山を日吉神社から奪ったのと同じことをおこなっている。神道からの聖地の強奪は、いつもの日本仏教のやりかただ。空海が自著でふれていないのは、語ることができないからだろう。狩場明神から神領を奉られたというような白々しい創作伝説は、まさか空海み

高野山壇上伽藍の御社。鳥居、瑞垣、社殿の朱塗りが鮮やかだ。

ずから書きとどめるわけにはゆかない。見知らぬ誰かに語らせるのが一番である。

織田信長が比叡山に続いて高野山も焼き討ちしようとしていたが、本能寺の変によってからくもこれを逃れているのは記録から明らかで、信長の時代にはすでに高野山もかなり堕落していたようで、焼き討ちの次の標的となっていたことは記録から推定される。

空海の四国札所巡りは、丹山を探索する旅であろう。四国は古代から丹（辰砂）の産出で知られていた。「魏志倭人伝」に記されている邪馬臺国の丹山は、四国の伊予であろうとの説もある。伊予は空海の生地に近いことはすでに述べた通りだ。

真言八祖のうち　空海（鎌倉時代・13〜14 世紀／奈良国立博物館／出典：ColBase（https://colbase.nich.go.jp/））

空海は、高野山から天下を治めようと思っていた。しかし、おもいのほか早く死期が来て、方針を変更した。死後のことはわからないまでも、自分を神として信仰させることで、永遠なる宗教的統治を実現しようとした。

空海は、すでに死の二年前五十九歳の時に死を悟り、高野山で穀物断ちに入っている。こんなに早く死ぬことになるとは思いもかけぬことであったろう。現実主義者の空海は、留学を思い立ったのも遅かったが、高野山という存在に気がついたことも遅きに失したと思っていたかもしれない。

弘仁七（八一六）年七月八日、四十三歳の時、かねてより願い出ていた高野山を朝廷より下賜される。空海は、紀伊の「丹山」を一山そっくり手に入れたのだ。

なお、高野山は「山」とは言っても、実際の山岳ではなく、「山号」である。標高八〇〇メートルの山上盆地に金剛峯寺境内の町並みが広がっていて、その地域の名称である。壇上伽藍という根本道場を中心とした完全な宗教街区で、一一七ヶ寺におよぶ子院が偏在している。周囲を一〇〇〇メートル級の山嶺に囲まれており、「山」と呼ぶならむしろそちらのほうがふさわしいかもしれない。日本仏教では寺院は「山」号を付すという形式なので、実際には山に建立されていなくとも〇〇山△×寺というように「山」号を自称する。ちなみに「比叡山延暦寺」は本物の山である（日吉大社から奪い取った神体山）。

▼高野山真言宗　総本山金剛峯寺《こんごうぶじ》　和歌山県伊都郡高野町高野山

【本尊】薬師如来（阿閦《あしゆく》如来とも）

創建　弘仁七年（八一六年）

なお「女人高野」と呼ばれる神宮寺は、通称丹生大師と呼ばれ、丹生神社の神宮寺である。高野山は女人禁制であったが、こちらへは女性も参詣が許されていたので「女人高野」とも呼ばれた。通称の丹生大師とは弘法大師空海のことである。この地にまつわる「三鈷《さんこ》の松」という伝説があって、空海が唐から投げた三鈷杵《さんこしょ》が、狩場明神に案内された高野山の松の枝に引っかかっていたというものである。三鈷杵は初めに丹生へ飛来したが、勢い余って跳ね返って高野山へ着地したというものだ。この松葉は葉が三本あるため「三鈷の松」と呼ばれて今も高野山にある。また、最初に飛来した丹生の地には神宮寺が建てられている。

▼女人高野《にょにんこうや》・丹生《にう》山神宮寺《さんじんぐうじ》成就院《じょうじゅいん》

〈通称〉丹生のお大師　丹生大師　三重県多気郡多気町丹生
【本尊】弘法大師
創建　宝亀五年（七七四年）

朱色に輝く、高野山・根本大塔。高野山に空海が最初に建てた建造物である。高さ 50m（＊たびたび焼失し、現存建築は昭和十二年に再建されたもの）。何もなかった「丹山」に、この真っ赤な塔が忽然と現れたのだから、紀伊の山岳修行者たちはさぞ驚いたことだろう。

現代に生きる私たちは、文明の進歩発展のおかげで、かつて（一二〇〇年前に）空海が十数年かけて到達し獲得した知力や能力に、ほんのわずかな労力と時間とで達することができるだろう。私たちは「虚空蔵求聞持法」のような修行をすることなく、環境さえ整えば、たとえ中学生でも空海が三十三歳にして獲得した貴重な資料をほとんどすべて、居ながらにして得ることができるだろう。現代という時代は、空海や最澄レベルの知識人がそこかしこにいる時代なのだ（人徳は別として）。

しかし「死」から逃げることは誰にもできない。空海がみずからの死期を悟った時、彼の修得した煉丹術とはどう関わったのか。承和二年（八三五年）、三月十五日に空海は弟子たちに遺告を与え、三月二十一日午前四時に入定した。『続日本後紀』には遺体は荼毘に付されたとある。享年六十二歳。

それから現在に至るまで一二〇〇年間、空海は高野山奥之院に眠り続けている。高野山の人々や真言宗の僧侶にとっては、高野山奥之院の霊廟において、現在も空海が禅定を続けているとしており、遺骸が祀られている奥之院へは、毎日六時に朝食、十時に昼食として「生身供《しょうじんぐ》」が捧げられている。まるで空海が不老不死になったかのようだ。

これは、煉丹術が目指した「不老不死」の術を空海は獲得したとの設定であろう。すなわち尸《し》解《かい》の一種であろう。空海は若い頃から呪術好きで、すでに十代で「虚空蔵求聞持法」なる記憶術を授けられたとし、それゆえ丹山に本拠地を建設し、自身もそこで入定した。秦の始皇帝と同様に水銀に包まれて（高野山は水銀鉱脈の上にある）、不老不死を体現したということになるのだろう。

朱塗りの鳥居

ところで丹朱の象徴的存在ともいうべき「鳥居《とりい》」という呼称の誕生は、『古事記』にも『日本書紀』にも『万葉集』にも語彙記録がまったく見当たらないので、これらの三書が完成を見た八世紀以降ということになる。

文献上の初出は、延長五（九二七）年に完成した『延喜式』で、二ヶ所に「鳥居」の語が見える。つまり「鳥居」という呼称は、八世紀末から十世紀の間に誕生したということになるだろう。

鳥居そのものの発祥については、これまでに残存最古の鳥居とされているのは、山形の「最上《もがみ》の三鳥居（元木、清池、六田）」で、凝灰岩製の平安時代末期（十二世紀）のものと伝えられている（国の重要文化財に指定）。

ちなみに最古の石鳥居と称されている四天王寺（大阪）の大鳥居は、もとは木製であったが、永仁二（一二九四）年に現在の石製に造り替えられたと記録されている。最上の三鳥居も含めて、それらの前身の木製の鳥居がいつ建てられたものか、また朱塗りであったか否かも不明である。

山形の「最上の三鳥居」。上から、元木、清池、六田の石鳥居。

いずれにしても、これらは石製であるがゆえに長い年月を越えて残っているが、木製で雨晒しの場合には数十年で腐食し、建て替えられるため、いずれも創建年はわからない。伊勢の内宮外宮の鳥居などは、遷宮と同時に建て替えられるため、創建以来二十年サイクルで建て替えられてきた（一時途切れたこともあるが）。

鳥居については記録がきわめて稀少のため、神社そのものの創建と同時であろうと推測するしかないだろう。仮にそうであるなら神社の社殿は、仏教が伝来して寺院が建立されるのに対抗して建設が始まったものであるから、六世紀中頃ということになる。それ以前に神社は存在していない（神道信仰そのものは往古から続いている）。

すなわち、最古の鳥居もその頃であろうと推測されるが、「鳥居」と呼称されていたのかは不明である。

私たちが現在目にしている鳥居は、大部分が江戸時代以降の建築である。世界的にも知られている京都・伏見稲荷大社の「千本鳥居」も、商売繁盛を祈って江戸時代から寄進が始まったものという。

したがって、「鳥居」というものは神道信仰そのものの歴史に比してさほど古いものではないということになる。原型や起源については様々な説があるものの、それは追求してみてもあまり意味のないことだろう。多種多様の解釈があるのはよく知られていることで、百家争鳴というのが相応しい。つまり鳥居の意義解釈には定説がないということだ。最も意義深いとする解釈は、これより先を結界、聖域とするものであって、逆に最も即物的な解釈は、単なる門とするものだ

伏見稲荷の千本鳥居（実際には一万基以上という）朱色のトンネルが延々と続く

ろう。そしてどちらも間違いではない。

その理由は、建造した際の理由次第だからである。門という意義や構造のものは、空間への出入り口として、古来、人類社会と共に世界中に存在してきており、互いに似通った意義や構造になることは誰が考えてもさほど変わるものではない。

鳥居に何らかの意義があるとするなら、それは形象にではなく、白木か朱塗りか、はたまた石造か、この区別には明確な意思が見える。

白木には縄文の血脈が、朱塗りには弥生の血脈が、そして石造には大陸渡来の血脈があたかも脈打つように思えるのは、単なる私の思い込みか。

より単純に収斂される門の構造は、柱が二本立っていて、その間を出入りするものであって、それ以外の工夫は趣味装飾にすぎないとも言えるだろう。

区別されるとすれば、柱二本にしめ縄を渡したのみ、という程度の素朴な鳥居の場合や、内宮外宮を始めとする古社については、鳥居は白木であって、朱塗りではない。

これに対して宇佐神宮を本宮とする八幡神社や、京都・伏見稲荷神社を本宮とする稲荷神社の鳥居などは、社殿ともどもすべて朱塗りである（鎌倉の鶴岡八幡宮で私は助勤をしていたことがあるのだが、社殿と鳥居をすべて塗り直す機会があって、それに際して宮司いわく「一万円札を一面に貼り付けているようなもの」とのことであった。今ではそれどころではないはずで、その程度に高価なものである）。私の知る限りでは、これらの中でも主立ったところは定期的に丹かベンガラによる朱漆をもって塗り替えている（近年では化学合成による朱色顔料が安価に入手できて、なおかつ本漆にくらべて化学樹脂も手軽であるところから、伝統的な朱漆による朱塗りは少数派になりつつある）。


しかし丹《に》という文字は記紀にも万葉にもすでにいくつもあって、第一章で記したように、それは色彩の概念あってのことであるため、鳥居の誕生よりかなり前であったと考えられる。私たちの承知している鳥居なるものが、丹という字に似ているのが偶然ではないとするなら（どちらにしても断定はできないが）、色彩の概念が先にあったことから、その色は当初から朱色であったと考えるべきだろう。そもそも石鳥居は後発のもので、もともとは木製であったゆえ。

この国における「丹《に》」色への信仰は、これもすでに第一章に記したように縄文時代からあったのだから、何かを丹朱に彩色するということは、その信仰に基づいていると考えるのが自然である。また材質が木材であるがゆえに、丹朱を塗布することによる防腐効果も期待されたはずで、だからこそ透漆《すきうるし》に丹朱やベンガラを練り込んで、それを木製の鳥居に厚く塗布したものだろう。今でこそ、安価な彩色で手軽な素材の「赤い鳥居」がいたるところに建てられているのを見かけるようになっているが、もともとはきわめて高価なもので、そうそう気軽に寄進できるようなものではなかったのだ。

また丹朱の塗布は、魔除けの意義もあって、神社の社殿を朱色とするのも、宮中や神社において朱色の袴が重用されるのも、また国旗「日の丸」が白地に朱の丸であることについても同断である。そしてこれらは、すべて「赤色」ではなく、「朱色」であるだろうということになる。「丹朱《たんしゅ》」という呼称は渡来のものであるが、「丹色《にいろ》」という呼称は、それよりはるか昔の縄文時代から使っていたと思われる。「丹（たん）」という概念が伝来するはるか昔から、日本人は「丹（に）」を魔除けとして信仰していたのである。

あとがき――忘れられた「朱」の信仰

日本人と「朱色」との関係が浅からぬものであることは、歴史ある街を歩いてみればわかることであるが、その根底に何があるのかは、私たちはもうすっかり忘れてしまった。忘れた理由は材料の稀少化を始めとしていくつかあるのだが、最も影響のあった理由は、最も残念なものである。それは「朱色」に対しての信仰の消滅である。この場合の「信仰」は、とくに宗教的なものに限らず、朱色に対して日本人が古来持ち続けてきた聖性感とでもいうべき特別視のことである。

わが国の国旗である日章旗・日の丸が、「空に輝く太陽」を表現したものであるとされているのは、「日出ずる国」であると簡明に表現したつもりであるのかもしれない。しかし古代だからといって、日本人には、空に輝く太陽が、「白地に赤く」見えたはずはない。現代の私たちと変わらずに「青地に白く」見えたはずである。

であるならば、「日の丸」は太陽ではないのかもしれない。白い紙に朱筆（朱墨）で円形図を描いて中を塗りつぶせば、まぎれもない「白地に赤く日の丸染めて」になるのである。丹の国であることを標榜《ひょうぼう》するものとまでは断言できないが、言葉の通じない異国に対して、とくにシナに対して、ここが「丹の国」であるということを示すには、それはそれで明快であるだろう。金木犀《きんもくせい》の原産国シナでの名は「丹桂《たんけい》」であるから、この花の色こそが元々の丹色であって、ご存じのように朱色に近いもので、残念ながら赤色でも紅色でもないことが判別される。

古代においてのある期間、丹の産出がすなわち国力を体現するものであったことは本文に記した通りであるが、とりわけ「卑弥呼（ひめみこ）」を女王に戴く「耶馬臺国（やまとのくに）」が、シナの皇帝へ「朱（真朱）」を献上しているのは刮目すべき事実である。朝貢外交は聖徳太子の時代に終わることとなるが、日本国内ではその後も天皇の元へ各地から「丹（辰砂）」が献上されている。

ちなみに記紀における「丹」という字の登場回数は次の通りで、使い方がはっきりと分かれている。

▼『古事記』は一一ヶ所。
すべて「に」と訓読する。さすがに万葉仮名主体で書かれているだけのことはある。

▼『日本書紀』は六六ヶ所。
「丹比」（地名・氏名）が二三ヶ所で、「たんぴ」（地名）、「たじひ」（氏名）等と読む。
「丹波《たんば》」（地名）が二二ヶ所。

すべて「たん」（氏名は「たじ」）と音読する。こちらは漢文主体で書かれているので、当然といえば当然である。

▼『万葉集』は二〇〇余ヶ所に及ぶが、大多数は助詞の「に」の当て字として用いられている（写本によって多少異なる）。それ以外で多い用例は次の通りである。
「青丹《あおに》吉《よし》（余之《よし》）」（枕詞）が十五ヶ所。

「丹生《にう》」（地名）が十三ヶ所。

「丹比《たじひ》」（氏名）が十二ヶ所。


『古事記』がヤマト言葉で、『日本書紀』が漢文であることを考えれば（厳密には一部混在しているが）、『古事記』はすべて和訓の「に」であるのも当然で、かたや『日本書紀』は「たんぴ」や「たんば」等の漢音が多数に上るのも当然というものであるだろう。

「丹」の読み方によって、その歴史書の思想的立場が明らかになるというのも、「あか」の効能というものか。

　記紀は編集方針によって表記法は定められていたと思われるが、万葉の表記は編纂者によって統一されてはいないようであるから、当時の日本人が自由に用いていた「に」も「たん」も混在しているということだろう。しかし万葉の時代の日本人と、現代の日本人は「丹」の使用法に関しては、なぜか異なり、万葉は「に」が大多数で、「たん」はさほど多くない。これが時代とともに逆転している日本人としての自然なあり方なのだろう。

ただし、現代日本での「たん」の使われ方は、もっぱら赤色系を指していて、必ずしも厳密な区別はされていないので、色彩へのこだわりが衰退しているのかもしれない。たとえば日本ではどんな用例があるかというと、「丹頂鶴《たんちょうづる》」という名は、頭の頂点が赤いところから呼称されたものであるだろうが、この丹は朱色ではなく鮮やかな赤色であって、赤頂鶴のほうがふさわしいようだ。

防寒着・褞袍《どてら》の別名である「丹前《たんぜん》」は、堀丹後守《たんごのかみ》の屋敷前にあった風呂屋の衣装が丹前流行の発信元になったので、丹後屋敷の前を略したのが通称になったものらしいので朱色とは無関係のはずだが、丹後国は丹の産出から称された国名・丹波国を分割して出来ているので、あながち無関係とはいえないかもしれない。

「に」の数少ない用例に鮨ネタで人気の「雲丹《うに》」があるのはよく知られているが、生きているものは海胆と表記し、食用に加工されたものが雲丹と表記されるようだ。さしずめ形がちぎれ雲のようで、色が朱色だったことから名付けられたものだろう。ということであるならば、雲丹という表記形の発生は案外古いものかもしれない。朱色を丹色と普通に呼んでいた頃に、雲丹が食されるようになったものだろうから。

さて、そんなことを思いながら、今宵は酒肴に雲丹を食してみるとしようか。

令和六年／二〇二四年初冬　戸矢学

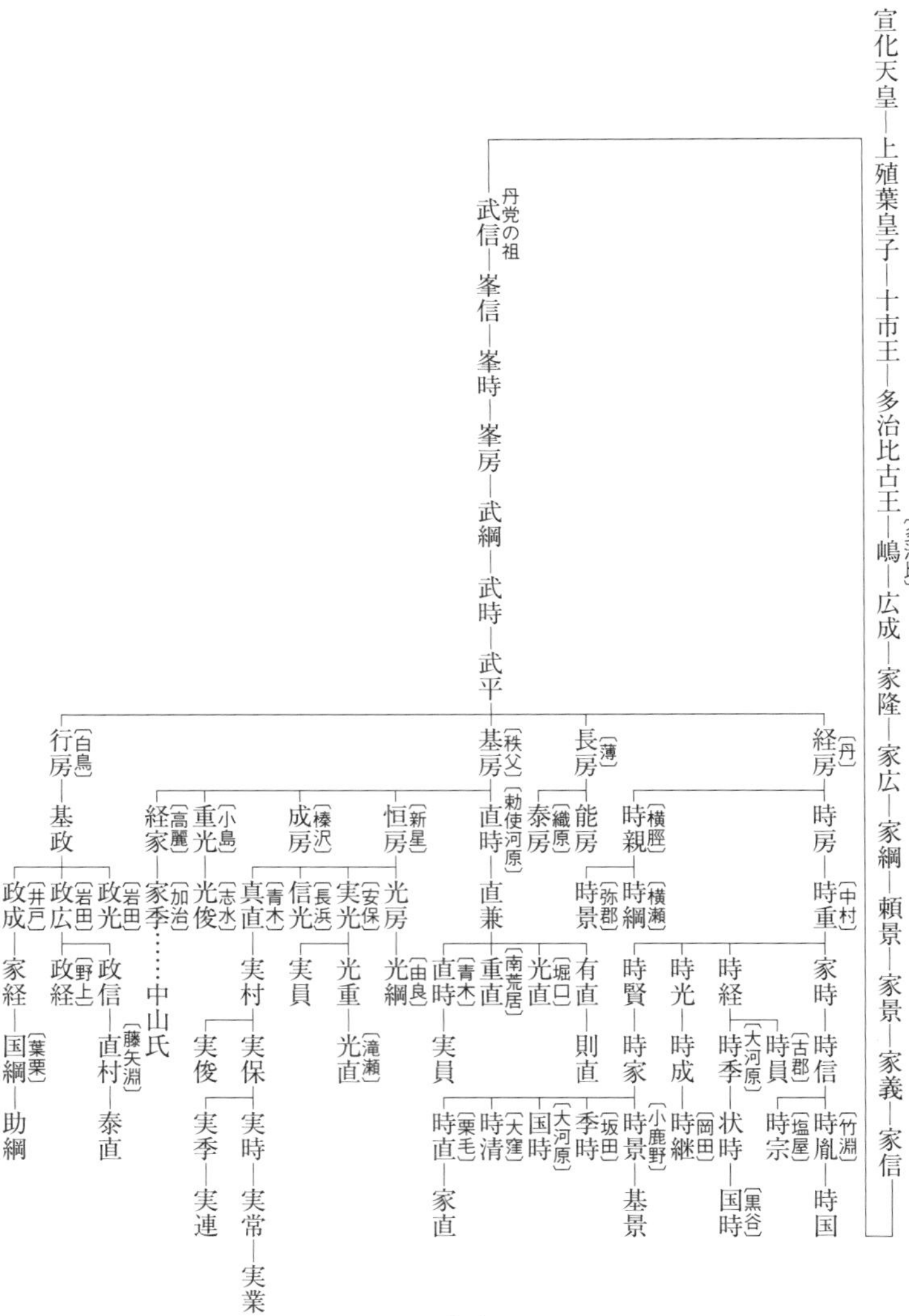

丹党系図
（https://office-morioka.com/myoji/genealogy/7to/tan-to.html より）

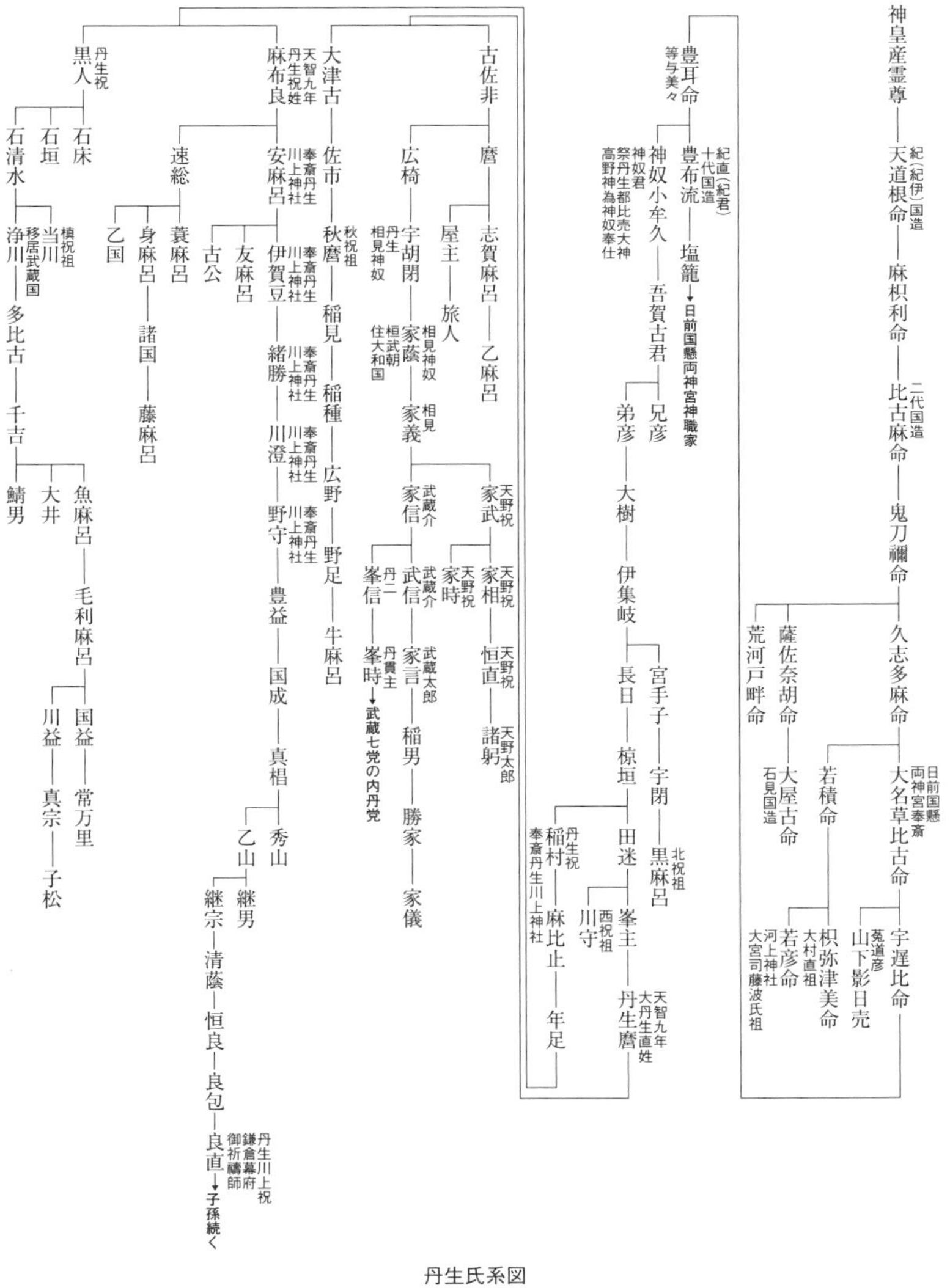

丹生氏系図
（http://www.harimaya.com/o_kamon1/syake/kinki/s_nyuu.html より）

【参考資料】

『三国志』「魏書　烏丸鮮卑東夷伝　倭人条」国会図書館蔵
『史記』司馬遷　小竹文夫・小竹武夫訳　ちくま学芸文庫　一九九五年
『古事記』國史大系　吉川弘文館　二〇〇二年
『日本書紀』國史大系　吉川弘文館　一九九三年

『抱朴子』葛洪　石島快隆訳　岩波文庫　一九四二年
『抱朴子　列仙伝・神仙伝　山海経』本田済、他訳　平凡社　一九七三年
『西遊記の秘密　タオと煉丹術のシンボリズム』中野美代子　福武書店　一九八四年
『古代の中国文化を探る　道教と煉丹術』今井弘　関西大学出版部　二〇一一年
『煉丹術の世界　不老不死への道』垣内智之、他　大修館書店　二〇一八年

『丹生の研究　歴史地理学から見た日本の水銀』松田壽男　早稲田大学出版部　一九七四年
『古代の朱』松田壽男　ちくま学芸文庫　二〇〇五年
『朱の伝説　古代史の謎』邦光史郎　集英社　一九九四年
『朱の考古学（新版）』市毛勲　雄山閣出版　一九九八年
『丹生神社を訪ねて』丹生壽　文献社　一九八七年
『姫神の来歴　古代史を覆す国の神の系図』髙山貴久子　新潮文庫　二〇一五年
『空海と高野山　世界遺産・天空の聖地・開創１２００年』頼富本宏監修　ＰＨＰ研究所　二〇一五年

『萬葉の色相』伊原昭　塙選書　一九六四年
『秩父丹党考』井上要　埼玉新聞社　一九九一年
『金属と地名』谷川健一編　三一書房　一九九八年
『縄文語への道　古代地名をたどって』筒井功　河出書房新社　二〇二二年
他

（参考自著）

『ヒルコ　棄てられた謎の神』河出文庫　二〇二四年
『古事記はなぜ富士を記述しなかったのか　藤原氏の禁忌』河出書房新社　二〇一九年
他

*本書は書き下ろし作品です。

戸矢 学
（とや・まなぶ）

1953年、埼玉県生まれ。神道・陰陽道・古代史研究家、作家。國學院大学文学部神道学科卒。著書に、『陰陽道とは何か』『ツクヨミ　秘された神』『ヒルコ　棄てられた謎の神』『ニギハヤヒ　「先代旧事本紀」から探る物部氏の祖神』『三種の神器』『神道と風水』『諏訪の神』『神道入門』『深読み古事記』『オオクニヌシ　出雲に封じられた神』『アマテラスの二つの墓』『鬼とはなにか』『縄文の神が息づく　一宮の秘密』『古事記はなぜ富士を記述しなかったのか』『スサノヲの正体』『神々の子孫』『ヤマトタケル　巫覡の王』『呪術と日本昔ばなし』『サルタヒコのゆくえ』『熊楠の神』『最初の神アメノミナカヌシ』など多数。

公式HP『戸事記』https://toyamanabu.jimdofree.com/

赤の民俗学
「丹」が解き明かす古代秘史

二〇二四年 四 月二〇日　初版印刷
二〇二四年 四 月三〇日　初版発行

著　者――戸矢 学
発行者――小野寺優
発行所――株式会社河出書房新社
〒一五一-〇〇五一
東京都渋谷区千駄ヶ谷二-三二-二
電話
〇三-三四〇四-一二〇一〔営業〕
〇三-三四〇四-八六一一〔編集〕
https://www.kawade.co.jp/

組　版――株式会社ステラ
印　刷――三松堂株式会社
製　本――三松堂株式会社

ISBN978-4-309-21918-9
Printed in Japan

戸矢 学・著

鬼とはなにか

まつろわぬ民か、縄文の神か

日本人の精神史の中で注視されてきた鬼。
その正体を、神との対で、怨霊との関連で、
山谷に駆逐された（先住の）人びと、
また、「鬼門」という角度からも考察する。
日本人の信仰心の原像に迫る、
画期的な書き下ろし。

河出文庫

戸矢 学・著

サルタヒコのゆくえ

仮面に隠された古代王朝の秘密

サルタヒコは本当に、ニニギの
天孫降臨の道案内をしたのか？
なぜアメノウズメを献上されたのか？
その本当に祀られた場所を特定し、
サルタヒコの呪縛を解き放つ。
衝撃の、祀られた場所とは！

河出書房新社

戸矢 学・著

最初の神アメノミナカヌシ

海人族・天武の北極星信仰とは

宣長も折口も考証を放棄した、
謎の神アメノミナカヌシ。
海人族の航海の指針となり、
大海人皇子の陰陽道国家の、
方向性を示した天之御中主神は、
後世なぜ蘇ったのか⁉

河出書房新社